La voie zen
pour vaincre la dépression

PHILIP MARTIN

La voie zen pour vaincre la dépression

Traduit de l'américain par Loïc Cohen

Bien-être

Avertissement

Même s'il est possible que les techniques décrites dans ce livre puissent atténuer les symptômes de la dépression chez certains individus, la dépression n'en demeure pas moins une maladie grave qui requiert, dans certains cas, un traitement médical assuré par un professionnel de la santé, et c'est pouquoi nous encourageons les lecteurs à consulter leur médecin. L'auteur et l'éditeur refusent toute responsabilité légale pour tout trouble subi consécutif à l'application des techniques proposées dans ce livre.

Titre original :
THE ZEN PATH THROUGH DEPRESSION
publié par HarperSanFrancisco

Copyright © 1999 by Philip Martin

Pour la traduction française :
© 2001, éditions Jean-Claude Lattès publiée avec l'accord de HarperSanFrancisco, une filiale de HarperCollins Publishers Inc.

Ce livre est dédié à tous ceux dont j'ai reçu un enseignement, et tout particulièrement à Dainin Katagiri Roshi, avec ma profonde reconnaissance

Introduction

*« Au milieu du chemin de ma vie,
Je me suis soudain retrouvé dans une sombre forêt. »*

DANTE, *La Divine Comédie*

À dix-sept ans, je suis allé, en compagnie de deux amis, dans les étendues sauvages du nord de l'Ontario pour faire du canoë. Nous étions livrés à nous-mêmes, seuls avec nos canoës et quelques rations d'aliments séchés. Aucun d'entre nous n'avait d'expérience du voyage.

Nous pensions être capables de réaliser cette expédition sans l'aide de personne, en ne comptant que sur nos propres forces et quelques bonnes cartes. Cependant, au bout de cinq jours, nous étions complètement perdus. Nous avons donc scruté nos cartes et rebroussé chemin, mais il nous fut impossible de retrouver les points de repère que nous avions relevés. Les longs rapides et la cascade ne se trouvaient pas où ils auraient dû être et nous sommes tombés sur un lac là où il n'aurait pas dû y en avoir. Nous étions perdus dans un territoire inconnu et nos cartes, ainsi que le reste de notre équipement, ne nous étaient d'aucune utilité.

À l'âge de trente-sept ans, je fus affecté par une grave dépression. Ce fut pour moi une expérience très semblable à celle que j'avais vécue lors de cette expédition. J'étais à nouveau perdu dans un territoire inconnu, dans un endroit effrayant, quoique magnifique. Je n'avais plus aucun point de repère. Des obstacles surgissaient soudainement là où il n'aurait pas dû y en avoir. Les seules cartes dont je disposais ne donnaient aucune indication sur l'endroit où je me trouvais. Le pire, c'est que je ne savais même pas que j'étais perdu. Et si je ne le savais pas, qui d'autre aurait pu le savoir et me venir en aide ?

J'ai toujours compté sur ma pratique du bouddhisme pour me sortir des situations difficiles. Mais, dans le cas présent, ma pratique était semble-t-il insuffisante, voire inopérante. La dépression avait ôté toute substance à tout ce qui me semblait porteur de vie, même les pratiques spirituelles. Les enseignements religieux ou spirituels n'avaient apparemment pas grand-chose à proposer sur l'expérience de la dépression.

Ce n'est guère surprenant, quand on pense que la spiritualité est surtout fondée sur le concept de la transcendance et sur celui de la fuite. Et s'il y a un concept avec lequel la dépression n'a rien à voir, c'est bien celui de la transcendance. Le déprimé se sent enlisé dans la boue, incapable de s'en extraire, contrairement à la fleur de lotus – métaphore si souvent utilisée dans les enseignements spirituels.

Mais j'ai toujours cru en une pratique spirituelle profondément ancrée dans la vie, une pratique qui plonge, si nécessaire, dans les abysses de l'âme. C'est pourquoi j'ai fait tout mon possible pour tenter d'associer la pratique spirituelle aux événements de ma vie. En fin de compte, j'ai découvert que grâce à cette « descente aux enfers » qu'est la dépression, je pouvais m'enraciner plus profondément dans ma vie, et que cet enracinement m'offrait l'opportunité essentielle d'apprendre, de m'ouvrir et de grandir.

Le bouddhisme est ma pratique et le chemin que j'ai choisi. Je me suis finalement aperçu que j'étais capable d'intégrer ma dépression dans l'immensité de ma pratique, et j'ai découvert que n'importe qui pouvait en faire autant – quels que soient ses penchants spirituels.

La dépression n'est pas uniquement une maladie du corps et de l'esprit, mais également une maladie du cœur. Elle nous donne l'occasion d'enrichir notre esprit, notre cœur et notre existence. Ce voyage à travers la dépression peut nous apprendre beaucoup sur nous-mêmes et sur le monde environnant. Une approche de la dépression attentive et empreinte de compassion favorise la guérison et l'évolution spirituelle.

Ce livre est un guide de cette étendue sauvage qu'est la dépression, écrit par quelqu'un qui connaît bien ce territoire et qui s'est rendu compte qu'une carte ne suffisait pas. Il s'agit d'un guide d'utilisation de ses ressources personnelles qui permet de lire et comprendre les signes qui nous entourent. C'est en fin de compte un guide pour grandir, découvrir et se réaliser.

On raconte que l'un des disciples du Bouddha lui posa une question hautement spéculative et théorique. Le Bouddha lui répondit en lui racontant l'histoire d'un homme qui avait été atteint par une flèche empoisonnée. Le Bouddha demanda alors : « Cet homme aurait-il pu dire : "Je ne laisserai personne m'ôter cette flèche tant que je ne saurai pas à quelle tribu ou à quelle famille appartient l'homme qui l'a tirée, ou encore quel est son métier, ou quel bois fut utilisé pour fabriquer la flèche" ? De la même manière, je ne réponds jamais à ceux qui veulent savoir si l'univers est fini ou infini, s'il y a un Dieu ou non, ou à d'autres questions de ce type. Et qu'ai-je donc révélé ? La cause de la souffrance et le chemin qui mène à sa guérison. »

C'est dans cet esprit que je fais don de ce livre, pour proposer une aide pratique à tous ceux qui souffrent de dépression. Puisse ce livre vous guider à travers votre souffrance et peut-être à travers la souffrance plus vaste de la vie qui est notre lot commun.

Note sur les exercices d'approfondissement

Les exercices que vous trouverez à la fin de chaque chapitre vous donnent l'occasion d'approfondir les idées développées dans le chapitre correspondant. Vous ne devez pas vous sentir coupable si vous ne les accomplissez pas, ou si vous n'arrivez pas à les effectuer correctement. Accomplissez-les s'ils font résonner quelque chose en vous, sinon, passez au chapitre suivant. Il s'agit de suggestions et non de prescriptions.

La plupart des visualisations et des méditations sont fondées sur les pratiques zen et bouddhistes traditionnelles. Vous vous apercevrez sans doute qu'elles sont bien plus efficaces si vous les effectuez dans un endroit calme, en vous asseyant le dos bien droit sur un coussin ou sur une chaise, mais, une fois encore, pratiquez ces exercices de la manière qui vous convienne le mieux.

Les poèmes sont inspirés des *gathas,* poèmes traditionnels de la pratique bouddhiste. Ce ne sont pas vraiment des prières ou des affirmations, car ils ont pour objectif de nous ramener au moment présent et de nous rappeler comment nous devons aborder les obstacles ou les opportunités.

Vous êtes également libre de faire ou non les autres exercices. Soyez bon avec vous-même. N'oubliez pas qu'il s'agit de votre propre cheminement et que vous êtes le seul à pouvoir en choisir la direction.

Je vous souhaite bonne chance pour votre voyage.

S'arrêter et écouter

« *Lorsque l'on veut écouter un son inconnu, ne cesse-t-on pas naturellement de faire du bruit ? On ne peut écouter attentivement si l'on est en train de parler, de penser, ou de bouger distraitement. Le besoin d'écouter attentivement crée en lui-même le calme. Lorsque l'on prend conscience de sa propre inattention et que l'on commence à se poser des questions sur ce qui se passe à l'intérieur et à l'extérieur de soi, n'est-on pas obligé de regarder et d'écouter calmement ?* »

Toni PACKER

Cette zone grise qu'est la dépression peut être effrayante et déstabilisante. Que ce soit la première fois ou non, elle est toujours différente. On peut parfois avoir l'impression de se trouver dans un désert froid, désolé et sans vie. En d'autres occasions, cette zone peut prendre l'aspect d'une forêt sombre, envahie par la végétation, remplie d'animaux féroces, à l'affût. Ou bien, on peut avoir l'impression de se trouver au fond de la mer ; les eaux vous retiennent captif, la pression est insupportable, et vous ne pouvez pas respirer. Quel que soit l'endroit, on a le sentiment qu'il n'y a pas d'échappatoire. On est vraiment perdu.

Lorsque nous sommes perdus, effrayés, ou confrontés à quelque chose de nouveau ou d'inconnu, notre première impulsion consiste habituellement à fuir ou bien à nous battre. Des années d'évolution ont ancré ces réactions en nous. Même si de temps à autre les circonstances exigent l'une ou l'autre de ces réponses, dans d'autres situations, fuir la réalité ou s'évertuer à la combattre ne fera qu'accroître notre souffrance et la sensation d'être piégé. Sous l'emprise de la peur et de la panique, nous nous sentons encore plus perdus. Dans la dépression, nous prenons souvent la fuite jusqu'à nous noyer dans les ténèbres qui ont envahi notre vie. Le plus important, pour notre guérison, consiste sans doute à ne rien faire.

Il n'est pas facile d'adopter cette attitude, car elle va à l'encontre de tout ce à quoi nous croyons. Pourtant, ne rien faire – « s'asseoir et se taire », comme dirait Katagiri Roshi – est la pratique fondamentale du bouddhisme. De fait, c'est l'expérience qu'a vécue le Bouddha lui-même. Il s'est assis sous l'arbre de la Bhodi et a fait le serment d'y rester tant qu'il n'aurait pas trouvé la réponse à la question qu'il se posait depuis tant d'années.

Cette décision est souvent considérée comme héroïque, et lorsqu'une personne mène une telle entreprise à son terme, cela peut être effectivement héroïque. Mais il s'agit également d'un acte de renoncement, voire d'un acte de désespoir. Le Bouddha avait d'ores et déjà essayé toutes les approches possibles à cette époque. Il avait connu les plaisirs sensuels extrêmes, l'abnégation et la mortification. Aucune de ces voies n'avait pu lui apporter la révélation qu'il espérait. Aussi décida-t-il de mettre un terme à sa quête pour simplement s'asseoir.

Il y avait dans sa décision quelque chose de désespéré – le fait d'avoir le dos au mur. Il y avait également une certaine curiosité dans sa décision. Il voulait découvrir ce qu'était vraiment la vie humaine. Plutôt que d'étudier diverses philosophies et de s'efforcer de les adapter aux situations qu'il rencontrait, il se mit à s'étudier lui-même. Il fit donc le vœu de se confronter inébranlablement à lui-même, à sa propre vie, et de mener cette investigation à son terme, quelles qu'en soient les conclusions. (C'est en premier lieu cette combinaison de désespoir et de curiosité qui pousse bon nombre d'entre nous sur le chemin spirituel.)

Dans la dépression, nous avons souvent le dos au mur. De fait, rien ne décrit mieux cette affection que le sentiment de n'avoir nulle part où se tourner, de n'avoir aucune autre alternative. Cependant, cette condition est incroyablement riche de possibilités. Elle offre l'occasion de faire réellement attention à ce qui se passe. Lorsque l'on a tout essayé, que rien de ce à quoi l'on croit ne semble convenir, il y a au bout du compte la possibilité de voir les choses sous un nouveau jour, de considérer différemment ce qui est devenu sans intérêt et trop familier. Parfois, quand on a le dos au mur, la meilleure chose que l'on puisse faire consiste à rester calmement assis.

Quand on est perdu dans la forêt, on peut s'arrêter, examiner sa situation, et chercher à savoir où l'on se trouve. De même, dans les affres de la dépression, on peut faire une pause pour essayer de comprendre comment on en est arrivé là. On peut regarder en soi avec calme et sans crainte, considérer sa vie et sa souffrance, sans chercher le moins du monde à remédier à cette situation.

Les bouddhistes zen ont conçu une méthode méditative pour faire évoluer le cœur et l'esprit grâce à ce qu'ils appellent des *koans*. Les *koans* sont souvent décrits comme des outils destinés à interrompre le processus de pensée, de sorte que l'on puisse faire l'expérience de quelque chose de plus profond à l'intérieur de soi. Le mot *koan* provient d'un terme chinois qui évoque une proclamation publique ou un message royal. Les *koans* nous permettent de comprendre en profondeur notre état d'esprit, grâce à l'éveil de l'esprit.

La dépression apparaît aussi comme un message royal. Celui qui fait l'effort d'écouter sa dépression peut entendre le message qu'elle recèle. L'œuvre la plus connue du maître zen Dogen est le *Genjokoan*, ou encore le « Koan de la vie quotidienne ». Dogen pensait que les questions essentielles de la vie

– Pourquoi suis-je venu au monde ? Pourquoi dois-je souffrir et mourir ? Qui suis-je ? Comment vivre l'instant présent ? – sont suffisantes pour nous aider à trouver la liberté que nous recherchons.

La dépression ancre plus profondément toutes ces questions dans notre vie. Ces questions, et la forte connotation de peine et de souffrance qui les accompagne, sont les graines de notre liberté.

Si l'approche de la dépression est souvent douloureuse et effrayante, elle n'en est pas moins possible. On peut y faire face et refuser la fuite. On doit laisser la dépression s'exprimer et découvrir ainsi ce qu'elle a à nous dire.

Le Bouddha a recherché le sens profond de son existence. Il s'y est confronté sans se voiler la face, et lui a donné un nom. Nous pouvons suivre la même voie. Ce processus ne consiste pas à s'abandonner à la dépression, mais plutôt à faire le premier pas sur la voie de la cessation de la souffrance.

La dépression n'est pas simplement une aggravation du chagrin et de la tristesse que chacun de nous éprouve normalement. Tous ceux qui en ont été affectés savent qu'il s'agit d'un phénomène différent. La dépression suscite de forts sentiments de désespoir, d'inutilité, et une conscience plus forte de la mort. Mais avant de rechercher des solutions, nous devons observer les émotions à l'état brut. Faire face à la dépression permet, pour la première fois peut-être, d'examiner attentivement les émotions et les problèmes les plus profonds de notre vie.

Nous sommes confrontés à un choix fondamental : nier ces émotions – ce qui ne fera que les renforcer – ou bien s'efforcer de les inscrire dans le cadre d'une croyance, qu'il s'agisse de ses propres croyances ou de celles de quelqu'un d'autre. On peut juger la dépression du point de vue de la morale et la considérer comme un signe de faiblesse. On peut la considérer d'un point de vue médical et rechercher un traitement auprès d'un médecin. On peut se convaincre qu'elle a un fondement psychologique et rechercher des réponses dans son passé.

Ou bien, avant de chercher tout concept ou toute explication, on peut adopter la démarche du Bouddha et s'efforcer de voir les choses telles qu'elles sont. On peut observer avec compassion ce qui se passe en soi durant la dépression – s'observer sans prendre la fuite, sans chercher à se battre, sans idées préconçues, avant même d'envisager la moindre solution.

Exercices d'approfondissement

Dans un endroit calme, asseyez-vous en tailleur sur un coussin, ou bien sur une chaise à dos droit. Posez vos mains sur vos genoux, paumes dirigées vers le haut, et laissez vos yeux se fixer sur un point situé sur le sol à quelques dizaines de centimètres devant vous. Restez bien droit, la colonne bien en place, et rentrez un peu votre menton. Maintenant, dirigez votre attention vers le bas, à travers votre cou, vos épaules et votre poitrine, pour la fixer sur votre ventre. Sentez le relâchement et la contraction de l'abdomen lorsque vous inspirez et que vous expirez. Si vous le souhaitez, vous pouvez penser « inspire » et « expire » en même temps que votre respiration.

Prenez conscience de l'espace autour de vous. Sachez qu'il s'agit de votre espace, de votre terrain, de votre maison. Vous êtes comme un galet qui sombre dans une rivière pour s'installer au fond, là où les vagues et les courants ne peuvent vous atteindre. Imaginez que vous soyez installé sur un trône, ou au sommet d'une montagne – en n'importe quel lieu qui vous semble chargé de puissance. Dites-vous à trois reprises : « C'est ici que je m'affirme. » Vous êtes inamovible ici. Vous êtes fort et en sécurité en ce lieu. Toute peur, tout chagrin, toute souffrance peut se manifester comme une vague qui déferle sur vous, mais qui est incapable de vous emporter.

Maintenant, portez à nouveau votre attention sur votre respiration, sur l'inspiration et l'expiration, au fur et à mesure que votre abdomen se relâche et se contracte. Votre respiration est l'ancre qui est toujours là et qui vous maintient fermement dans cet endroit. Prenez conscience de l'immensité du lieu où vous êtes assis, un espace qui s'étend dans toutes les directions. Il est assez vaste pour contenir tout ce que vous souhaitez y introduire. Accueillez vos sentiments de peur, votre souffrance, votre dépression dans ce lieu. Dites à votre dépression qu'elle ne doit pas s'en sentir exclue, et que, ici, elle recevra compréhension et compassion. Invitez également dans ce lieu toute déité, ou énergie, selon votre désir, surtout celles qui vous communiquent de la force, mais aussi, si vous le souhaitez, celles qui pourraient susciter en vous de la peur. À nouveau, concentrez-vous sur votre respiration et imaginez que cet espace immense au milieu duquel vous êtes assis est une montagne.

Lorsque vous êtes prêt pour le retour, rappelez à toutes ces entités que vous avez invitées qu'elles peuvent revenir ici avec vous. N'oubliez pas que ce lieu vous attend, chaque fois que vous le souhaiterez. Asseyez-vous pour profiter de ce lieu que vous avez créé. Laissez votre attention remonter à travers votre poitrine, vos épaules et votre cou, et ouvrez lentement les yeux.

Explorer le territoire

« Immobilisez-vous. Les arbres et les buissons autour de vous ne sont pas perdus. Où que vous vous trouviez, ce lieu s'appelle Ici. Et vous devez le traiter comme s'il s'agissait d'un inconnu doté de grands pouvoirs. Vous devez demander la permission pour faire sa connaissance et pour qu'il fasse votre connaissance. La forêt respire. Écoutez. »

Un vieux sage indien

Si on s'arrête de courir, on peut commencer à comprendre ce qui se passe en soi. On peut être terrifié, mais on peut aussi mettre de côté sa peur pour un moment. Il suffit d'explorer la situation.

On peut avoir des idées préconçues sur la dépression – mais on s'apercevra qu'elles ne sont d'aucune utilité, car elles n'ont aucun rapport avec l'expérience directe de cette affection.

Dans la dépression, on se trouve dans un monde inconnu. On peut avoir le sentiment d'être différent des autres, l'impression que les autres parlent une langue étrangère. L'esprit lutte pour garder le contact avec tout ce qui se passe autour de soi. Même l'air et la lumière semblent différents de ce que l'on avait connu jusque-là.

Nous devons étudier la configuration de ce territoire que l'on appelle *dépression*, afin d'en trouver la sortie et d'assurer notre survie pendant que nous le traversons, car il est rarement facile d'en sortir, et cela peut prendre un certain temps pour y parvenir.

C'est pourquoi il est indispensable de savoir où l'on est pour prendre la bonne direction.

Des émotions intenses se manifestent : désespoir, manque d'estime de soi, tristesse profonde et inexpliquée. On a le sentiment d'être complètement seul. Des idées de mort font intrusion dans la conscience. On peut même avoir des idées de suicide.

On a l'impression que son esprit fonctionne de travers. Il est difficile de former des pensées, de parler, et même de prendre de simples décisions ; on ressent un épuisement mental, et la mémoire semble souvent déficiente. L'activité du corps et de l'esprit se ralentit. Pourtant, dans le même temps, cette voix dans notre tête accélère son débit, s'acharne sur nous et sur le reste du monde. La dépression nous vole notre attention et notre capacité de jugement au moment même où nous en avons le plus besoin.

On ressent également un épuisement physique. On se sent lourd, comme si on avançait dans l'eau. On se déplace lentement et l'on a souvent l'impression que, quoi que l'on désire faire, on n'aura jamais la force de le faire. Finalement, on se dit que la seule chose à laquelle on aspire, c'est de dormir.

Le monde qui nous entoure nous semble également différent. C'est comme si quelqu'un avait progressivement éteint les lumières, jusqu'à l'obscurité complète. Tout autour de nous, nous ne voyons que crasse et pourriture, désespoir et mort. Nous sommes extrêmement sensibles à la tristesse, aussi bien à la nôtre qu'à celle des autres.

Cet endroit peut donner l'impression d'être aussi froid et sans vie que la lune, ou aussi mortel et étouffant qu'un désert. Ou bien, il peut prendre l'aspect d'une forêt sombre, menaçante et envahie par la végétation où l'on se sent perdu et piégé à jamais. Ou bien, on peut avoir l'impression de se trouver au fond de la mer, là où nulle lumière ne peut pénétrer, où il est impossible de respirer et où s'exercent de terribles pressions.

La dépression peut se manifester lentement. Elle peut prendre l'aspect de la lumière qui s'affaiblit peu à peu à la fin de la journée : on s'en aperçoit à peine jusqu'à ce qu'on ne puisse plus distinguer sa propre main. Ou bien on peut avoir l'impression de marcher dans le brouillard : on ne remarque pas l'humidité jusqu'à ce que l'on s'aperçoive que l'on est trempé jusqu'aux os.

Mais nous avons décidé de ne pas prendre la fuite, aussi nous faut-il vivre avec notre dépression. Nous faisons attention à nos émotions et à nos pensées, de même qu'à nos réactions secondaires – notre désir de fuir, d'oublier notre souffrance. Nous choisissons de regarder notre vie bien en face, avec conscience et compassion.

Si la dépression prend des aspects différents pour chacun d'entre nous, elle comporte néanmoins de nombreux éléments constants. Ces éléments confirment qu'un processus physique est à l'œuvre. La dépression semble bel et bien être une maladie, une affection du corps et de l'esprit.

Elle est aussi une maladie spirituelle. Elle entrave la capacité à fixer son attention sur ce merveilleux instant présent, à voir ce qu'il a de bon et à entretenir l'espoir que d'autres moments semblables le suivront. Elle transforme en malédiction cette bénédiction qu'est le fait d'être un être humain.

Cependant, en abordant la dépression d'une manière spirituelle – et avec l'aide d'autrui – nous pouvons non seulement guérir notre esprit et notre corps, mais également notre âme souffrante.

Exercices d'approfondissement

Asseyez-vous confortablement sur un coussin ou sur une chaise et apaisez votre respiration. Ensuite, concentrez-vous sur vos inspirations et vos expirations.

Lorsque vous aurez trouvé votre rythme respiratoire naturel, portez votre attention sur votre corps. Quelles sensations vous semblent être une manifestation de votre dépression ? En quoi ces sensations sont-elles différentes de ce que vous ressentez habituellement ? Ressentez-vous une lourdeur dans tout votre corps ? Éprouvez-vous une sensation générale de froid ou de chaleur ? Ou bien vous sentez-vous engourdi ?

Notez les endroits où vous ressentez une douleur. Sentez-vous une contraction dans votre ventre, ou une douleur dans la poitrine ? Ou bien trouvez-vous particulièrement difficile de rester calmement assis ? Prenez conscience de ces sensations, mais évitez de réagir contre elles. Au contraire, efforcez-vous de rester assis en respirant calmement, tout en les observant attentivement.

Maintenant, concentrez-vous sur vos pensées. Si vous le pouvez, observez-les qui vont et viennent, sans vous sentir impliqué par leur contenu. Si vous découvrez soudainement qu'elles ont une influence sur vous, recommencez doucement à les observer. Certaines d'entre elles vous semblent-elles inaccoutumées ? Pensez-vous à la mort, ou bien êtes-vous obsédé par l'absurdité ou l'inutilité de votre existence ? Êtes-vous préoccupé par des soucis, par des sentiments de peur ou par des événements fâcheux dont vous craignez la survenue ? N'essayez pas de bloquer ces pensées ou de les rejeter ; contentez-vous de les observer et de les noter.

Enfin, portez votre attention sur vos sentiments et notez comment ils sont imbriqués avec vos pensées. Ressentez-vous de la peur ? Du désespoir ? De l'angoisse ? De la colère ? De la tristesse ?

Portez votre attention sur le point de départ et observez à nouveau votre corps. Vos pensées et vos sentiments sont-ils liés à certaines des sensations physiques que vous avez notées auparavant ? Alors que vous observez chacune de ces sensations, pensées et émotions, leurs effets s'intensifient-ils, ou au contraire s'affaiblissent-ils ?

Au terme de cet exercice, portez à nouveau votre attention sur votre respiration pendant quelques instants, et notez si celle-ci s'est modifiée depuis le début de l'exercice.

Vous pouvez effectuer cet exercice de temps à autre pour observer l'évolution de votre état dépressif, ou bien pendant plusieurs jours d'affilée pour apprendre à bien connaître votre dépression.

Tranquillement assis, portez votre attention sur votre respiration, les inspirations et les expirations.

Maintenant, imaginez que votre dépression est un lieu physique. À quoi ressemble-t-il ? Avez-vous l'impression d'être perdu au milieu d'une forêt, ou d'être bloqué au fond de la mer, ou encore d'être abandonné dans un désert ? Ou bien avez-vous le sentiment de vous trouver dans une grande demeure ? Ou encore dans un lieu totalement différent ?

Explorez ce lieu. Notez le parfum de l'air, s'il est chaud ou froid. Quels sons entendez-vous ? D'autres personnes se trouvent-elles en ce lieu ? Comment vous sentez-vous ici – perdu, seul, apeuré, perturbé ?

Vous pouvez revenir en ce lieu à tout moment pour observer votre dépression et prendre davantage conscience de sa nature et de son évolution.

La souffrance

« Et quel est, ô moines, la noble vérité sur la souffrance ? La naissance est souffrance, la vieillesse est souffrance, la maladie est souffrance, la mort est souffrance, l'union avec ce que nous haïssons est souffrance, la séparation d'avec ce que nous aimons est souffrance, ne pas obtenir ce que nous désirons est souffrance, en résumé les cinq agrégats d'attachement sont souffrance. »

BOUDDHA

« Percevoir, c'est souffrir. »

ARISTOTE

Les adeptes de la méditation ont parfois du mal à supporter de rester assis dans la même position pendant un long moment. Le conseil que leur donnent de nombreux maîtres est de faire de la souffrance l'objet de leur méditation.

Dans la dépression, nous sommes également submergés par la souffrance, une souffrance qui hurle pour attirer notre attention et qui devient si insupportable que nous cherchons à nous en débarrasser par n'importe quel moyen.

Souvent, nous n'avons même pas conscience de ce processus, parce que nous courons à toute allure pour échapper à cette souffrance, et même longtemps après qu'elle a disparu.

Pourtant, nous pouvons faire de la souffrance l'objet de notre attention, et non la considérer comme un monstre qu'il faut fuir. On peut commencer par la considérer comme autre chose qu'une « souffrance ». On peut en examiner la nature et les effets. On peut observer si la sensation qu'elle suscite dans notre corps est une sensation de chaleur, de tension ou de fourmillements, si elle a provoqué un effet d'enfermement, ou si le corps s'est crispé lorsque l'on a essayé d'y échapper.

Ensuite, on peut examiner d'une manière plus générale ses réactions mentales, s'efforcer de penser à quelque chose d'autre ou se raidir dans la zone de souffrance. Quoi qu'il en soit, acceptez-la et laissez-la se développer.

Après que le Bouddha eut découvert le chemin de la liberté, il se mit à l'enseigner aux autres. Il a décrit quatre vérités fondamentales concernant la vie et la mort. Le fondement de chacune de ces vérités est la souffrance.

La première vérité que le Bouddha a évoquée est que la vie tout entière est caractérisée par *dukkha*. Ce mot sanskrit est traduit la plupart du temps par « souffrance ». Pour être plus précis, il se réfère à l'insatisfaction, au fait que nous vivons dans un monde où nous devons tous affronter la souffrance physique et émotionnelle. En outre, lorsque nous faisons l'expérience du plaisir, il nous faut affronter les tourments de l'inquiétude : nous craignons que ce plaisir disparaisse, ou qu'il nous soit ôté.

Le Bouddha établit une distinction entre la douleur et la souffrance. C'est une distinction que nous établissons rarement. Une douleur simple est quelque chose qu'il est impossible d'éviter. Le mot *dukkha* fait référence à la manière dont nous compliquons notre douleur en cherchant à tout prix à l'éviter – et à la manière dont nous provoquons ainsi notre propre souffrance.

Dans la dépression, nous ressentons une douleur intense, à la fois physique et mentale. En outre, nous la compliquons fréquemment du fait de nos efforts pour s'en préserver. Et souvent, son ampleur nous échappe, parce que nous sommes trop occupés à essayer de lui échapper, ou de l'ignorer, ou de la masquer par la colère.

Au début de ma propre dépression, j'ai essayé de nier ce qui m'arrivait. On essayait de me faire comprendre ce qui était évident pour tous. C'est finalement mon fils, âgé de trois ans, qui m'a ouvert les yeux sur ma situation. Il m'a regardé avec ses yeux remplis d'affection et m'a demandé : « T'es pas heureux, papa ? » Avec cette simple question, toutes mes résistances ont fini par s'évanouir, et j'ai compris peu à peu à quel point il avait raison.

Si l'on cesse de nier sa dépression, on peut alors examiner sa souffrance et s'occuper de soi avec affection. On devient alors l'observateur scientifique de sa propre souffrance et l'on cherche à la localiser. Elle est presque sûrement physique. Ce peut être une sensation de froid ou de tension dans la poitrine, ou une vive douleur au cœur.

S'il peut être au début effrayant d'explorer sa douleur, dès lors que l'on s'y est attelé, on peut la laisser s'exprimer pour la ressentir vraiment. Il est normal de craindre qu'elle soit trop intense, ou de s'estimer incapable de la supporter. Mais, au bout du compte, on réalise que la souffrance que l'on ressent en essayant d'échapper à sa condition est au moins aussi pénible, sinon pire, que la simple douleur qui la sous-tend. Et l'on s'apercevra sans doute, avec surprise, que la douleur sous-jacente devient plus supportable.

En observant notre souffrance, nous pouvons également voir comment nous y réagissons. On peut se raidir, ou se cuirasser contre elle, jusqu'à ce que cette cuirasse devienne un mode de vie. De cette manière, la dépression crée une barrière entre soi-même et sa vie.

Mais lorsque l'on est capable d'accepter sa souffrance, de moins la craindre, on s'aperçoit qu'il est alors possible de s'ouvrir à nouveau au monde.

Exercices d'approfondissement

Assis confortablement, concentrez-vous sur votre respiration et portez votre attention sur toute douleur ou inconfort que vous pourriez ressentir. Il peut s'agir aussi bien d'une douleur physique que d'une souffrance mentale (de toute façon, ces deux sortes de souffrances vont généralement de pair).

Au fur et à mesure que la douleur s'intensifie, souvenez-vous de votre intention de ne pas la nier, mais au contraire de l'explorer complètement. Quand vous en prenez conscience pour la première fois, identifiez-la simplement comme une « douleur ». Ensuite, efforcez-vous d'analyser plus attentivement sa nature. Dans quelle région de votre corps se manifeste-t-elle ? Est-elle constante, ou bien s'intensifie-t-elle pour ensuite diminuer d'intensité ? S'agit-il d'une sensation de froid ou de chaleur ; de raideur, ou d'engourdissement, ou encore de fourmillements ? Cela vous fait-il mal ou vous brûle-t-il ?

Comment évolue votre douleur lorsque vous l'observez de cette manière ? Diminue-t-elle d'intensité ? Devient-elle plus aiguë ? Ressemble-t-elle moins à une douleur et davantage à une gêne ?

Maintenant, observez les pensées qui se manifestent en même temps que la douleur. Pensez-vous que cette douleur est injuste ? Ressentez-vous de la peur ou de la colère ? Essayez-vous de bouger un peu afin de l'amoindrir ? Cela est-il d'une quelconque utilité, ou la douleur revient-elle rapidement ? Ressentez-vous une tension dans la région autour de cette douleur ? Votre respiration devient-elle moins profonde ou s'accélère-t-elle ?

Essayez d'accepter cette douleur dans la sérénité. Si une tension se manifeste autour de celle-ci, ou si votre respiration s'est modifiée, relâchez vos muscles et ralentissez votre respiration. Si possible, calmez le cours de vos pensées.

Comment évolue votre douleur lorsque vous êtes détendu ? Que se passe-t-il lorsque vous essayez de la repousser, de l'éviter ou de la modifier ?

Si vous pouvez supporter cette douleur, vous constaterez sans doute que, sans action de vous part, elle s'accroît et décroît, apparaissant et disparaissant comme les pensées ou d'autres sensations. Ce phénomène vous surprend-il lorsqu'il se produit ? Avez-vous observé le même phénomène dans d'autres situations ?

L'impermanence

« Pensez à cette vie éphémère… semblable à une bulle qui surgit à la surface d'un ruisseau, à une étoile filante, à un fantôme, à un rêve. »

Le sutra du diamant

« Renoncer à quelque chose, ce n'est pas l'abandonner. C'est reconnaître que toute chose disparaît un jour. »

Shunryu Suzuki Roshi

Le déprimé a souvent une conscience aiguë du caractère provisoire de toute chose. La mort, et les idées de mort l'obsèdent. Il pense à sa propre mort, à la mort de tous ceux qui lui sont chers et à la disparition de tout ce à quoi il tient. Prendre conscience de cela – que tout va disparaître – peut entraîner une grande souffrance.

Bien que cette conscience de l'impermanence soit extrêmement douloureuse, elle permet cependant de découvrir une vérité que Bouddha considérait comme essentielle : toute chose est éphémère. Ou bien, de manière moins élégante, tout ce qui est assemblé est appelé à se désintégrer. Bon nombre d'entre nous passent leur vie entière à essayer d'ignorer ou d'oublier cette vérité.

Durant ma dépression, j'avais douloureusement pris conscience de cette vérité. C'était comme si la pourriture était une fleur dont j'observais la floraison en poussées furtives tout autour de moi. La conscience que tout ce qui m'entourait – êtres, choses – disparaîtrait inéluctablement, me donnait à penser que toutes mes actions étaient inutiles et désespérées.

Mais le monde dans sa globalité continue *bel et bien* après nous, et nous avons besoin de penser que notre présence ici-bas l'a rendu meilleur. Quoi qu'il en soit, il est difficile de surmonter le sentiment que dans ce monde d'impermanence, rien n'a d'importance, et ce sentiment peut prendre de l'ampleur dans la dépression.

S'efforcer de donner un sens à sa dépression – ou s'efforcer d'agir d'une manière ou d'une autre au milieu d'une dépression – peut paraître, comme le disait Katagiri Roshi, « semblable au fait de laver un tas de poussières dans une eau boueuse ». Mais, ajoutait-il, « il nous faut malgré tout poursuivre notre pratique, en plein milieu de ce désespoir ».

C'est l'impermanence, a dit le Bouddha, qui est à l'origine de la plupart de nos souffrances. Ou, pour être plus précis, non pas l'impermanence elle-même, mais notre refus de la voir et de l'accepter. Notre souffrance provient de notre attachement aux gens et aux choses, de nos tentatives répétées, mais vaines, de trouver quelque chose de durable.

Nous voulons que les choses qui nous procurent du plaisir restent telles qu'elles sont. En vérité, nous souhaitons être immuables. Mais l'impermanence nous révèle non seulement que rien ne dure pour toujours, mais aussi que tout change : le monde autour de nous, et nos propres personnes, changent à tout moment. La mort n'est rien d'autre qu'un changement inexorable dans un monde où tout change de toute façon.

Nous aimerions sentir que nous évoluons sur un terrain solide, croire en la permanence des choses. Mais dépendre d'une telle permanence, c'est se retrouver dans le vide. On se retrouve alors dans la même situation que le coyote de ces vieux dessins animés qui continue à courir après avoir dépassé le bord de la falaise et qui s'aperçoit soudain qu'il n'y a que le vide sous ses pieds.

Un *koan* recommande la chose suivante : « Au sommet d'un mât de 30 mètres de haut, fais un pas en avant. » L'impermanence est ce mât de 30 mètres de haut. Ou plutôt, notre attachement à la permanence est ce mât en haut duquel nous nous trouvons, en proie à une peur qui nous empêche de bouger. C'est cela qui nous maintient dans une existence médiocre et confinée, pas plus large que le sommet de notre mât.

Il existe une autre voie. Nous pouvons faire un pas dans ce monde de l'impermanence. Qui sait, au lieu de tomber, peut-être découvrirons-nous une liberté nouvelle, ou bien la beauté de l'impermanence ?

Tout jardinier sait que c'est l'impermanence même des fleurs qui les rend si précieuses. La beauté du jardin réside dans sa nature constamment changeante, dans les vagues de couleurs et de formes qui l'agitent sans cesse.

La beauté du monde réside dans le même mouvement constant. Nous pouvons découvrir peu à peu cette beauté, au milieu de tout ce qui meurt et qui naît autour de nous.

Exercices d'approfondissement

Assis tranquillement, concentrez-vous sur votre respiration. Sentez que votre ventre se gonfle à l'inspiration, et qu'il rentre à l'expiration, lorsque le souffle se dissout dans le néant. Prenez conscience de ce cycle – de son début, de sa fin, et du nouveau cycle respiratoire qui va lui succéder.

Maintenant, portez votre attention sur vos pensées. Laissez-les pénétrer dans votre esprit et le quitter comme elles l'entendent, sans vous sentir impliqué par elles et sans chercher à les éliminer. Voyez comme elles se manifestent, puis comme elles disparaissent, pour laisser la place à de nouvelles pensées. Notez ce cycle des pensées : début, fin et recommencement sous une autre forme.

Maintenant, prenez conscience de vos sensations corporelles. Notez comment une douleur ou une agitation ou encore une démangeaison apparaissent, puis disparaissent, à l'image de votre respiration. Cette douleur au genou disparaîtra d'elle-même si vous ne cherchez pas à vous en débarrasser. Ensuite, de nouvelles sensations – douleur à l'épaule, démangeaisons au niveau du nez – lui succéderont. Prenez conscience de ce cycle – de son début, de sa fin, et de l'apparition de nouvelles sensations corporelles.

Consacrez un peu de temps à réfléchir sur l'imperma-nence dans votre propre existence. Pensez aux choses ou aux gens dont vous croyiez qu'ils resteraient auprès de vous pour toujours, mais qui aujourd'hui sont partis.

Quelles autres personnes, quelles autres choses aimeriez-vous garder près de vous pour toujours ? Pouvez-vous comprendre qu'eux aussi, à un moment donné dans le futur, ne seront plus à vos côtés ?

Considérez ce cycle caractérisé par un début, une fin et par l'apparition de nouvelles personnes et de nouvelles circonstances dans votre vie. Quels sentiments ce phénomène suscite-t-il en vous ? Vous sentez-vous triste, ou en colère, ou encore désespéré ? Pensez-vous qu'il serait préférable de ne s'attacher à rien ni à personne, parce que de toute façon, tout disparaît un jour ?

Pensez à l'épanouissement des fleurs, en explosions de couleurs, filmé en accéléré – des fleurs qui finiront par se flétrir et mourir pour être ensuite rapidement remplacées par d'autres. Pouvez-vous concevoir votre vie selon un tel cycle ? Comprenez-vous que vous faites vous aussi partie de ce cycle composé d'un début, d'une fin et d'une renaissance ?

La mort

« Les gens pensent que seuls les autres vont mourir.

Ils oublient que, tôt ou tard, ils mourront eux aussi…

Faites en sorte que le mot "mort" règne en maître dans votre cœur,

En l'observant et en vous débarrassant de tout le reste. »

Suzuki SHOSAN

Bouddha considérait la mort comme l'un des principaux aspects de la souffrance. Il ne faisait pas uniquement référence à la mort physique du corps, mais également au fait de quitter cette vie, avec toutes ses joies et tous ses plaisirs, ses relations et ses attachements. Nous ne savons pas ce qu'il nous arrive après la mort, mais le simple fait de penser que nous n'existerons plus tels que nous sommes aujourd'hui est terrifiant.

Prendre conscience de la mort nous rappelle la nature précieuse de la vie, et nous donne donc une perspective plus saine de l'existence que nous menons. Quoi qu'il en soit, une telle prise de conscience ne diminue pas notre peur de la mort.

Dans la dépression, la conscience de la mort est très prononcée. De fait, les pensées suicidaires semblent hanter en permanence l'esprit du déprimé, qui est surtout hanté par sa propre mort. Parfois, il en arrive même à la désirer. Il pense également à la disparition de toutes les personnes et de toutes les choses qui lui sont chères. Il prend une conscience aiguë de toutes les choses environnantes.

Et cette perception des choses est juste. Le monde *est* impermanent. Tout ce qui nous entoure vit et meurt.

On raconte l'histoire de cette femme, aux temps du Bouddha, dont l'enfant venait de mourir. Elle se rendit auprès du Bouddha avec le corps de son enfant pour lui demander s'il pouvait le ramener à la vie. Bouddha lui répondit qu'il pourrait le faire si elle pouvait trouver une graine de moutarde dans une famille qui n'aurait point été affectée par la mort d'un parent, d'un enfant ou d'un ami. Elle se mit avec empressement à la recherche de cette graine de moutarde. À son retour, les mains vides, elle avait appris qu'il n'existait pas un seul être qui ne soit affecté par la mort.

Voir la mort partout lorsque nous sommes déprimés n'est donc pas le fruit de notre imagination. Il s'agit de ne pas se laisser abattre et, plus important encore, de ne pas s'abandonner à l'attrait morbide que la mort peut exercer sur nous. Notre tâche consiste à continuer à vivre avec un cœur ouvert, à vivre le moment présent, avec foi et courage.

Quelle surprise lorsque nous lisons le récit de deux êtres qui tombent amoureux l'un de l'autre et qui se marient bien que l'un d'entre eux soit atteint d'une maladie incurable. On se dit que le fait de s'engager dans une union aussi effrayante et douloureuse – aimer un être dont on sait qu'il va bientôt disparaître – requiert un grand amour et un grand courage.

Pourtant, n'en est-il pas de même dans l'existence de chacun d'entre nous ? Nous avançons dans la vie tout en sachant que nous ne sommes là que pour une courte période. Nous vivons au jour le jour, et nous aimons d'autres êtres humains fragiles dont la vie ne tient qu'à un fil. Cela ne nécessite-t-il pas un grand courage et un grand amour ?

En réalité, vivre avec la présence constante de la mort est quelque chose de prodigieux. Joseph Goldstein raconte l'histoire d'une nonne qu'il a rencontrée en Inde. Elle avait pour habitude de creuser chaque jour une cuillerée de terre. Il lui demanda pour quelle raison elle agissait ainsi, et elle lui répondit que c'était une tâche que lui avait prescrite son maître : « Chaque jour, je creuse un peu plus ma propre tombe. » Et Stephen Levine raconte l'histoire d'un maître qui expliquait comment il pouvait apprécier pleinement de boire son thé. « Pour moi, cette tasse est d'ores et déjà cassée », dit-il.

Ces récits peuvent sembler terrifiants, mais ils ont une grande valeur. La littérature bouddhiste – tout comme la littérature des autres religions – est remplie de récits de personnes qui se sont mises en quête de réponses aux grandes questions de l'existence après une rencontre avec la mort. Le Bouddha lui-même a entamé sa propre recherche spirituelle après avoir vu un cadavre que l'on transportait à sa dernière demeure. Aussi pourrions-nous dire que dans notre dépression, nous avons de la chance, parce que nous avons l'occasion d'avoir un avant-goût de la mort, de pratiquer l'impermanence, de voir clairement la mort pour ce qu'elle est.

La réalité de la mort est une vérité douloureuse. C'est ce qui donne à l'existence son piquant, son mystère. Mais la réalité est ainsi, et la dépression nous donne l'occasion de voir sans les œillères que nous portons habituellement. Nous avons l'occasion de faire un choix conscient – tout comme la personne qui épouse un être qui se meurt. Même si la vie s'achèvera par notre mort, et par celle de tout un chacun, nous pouvons nous plonger dans ce monde et y vivre pleinement. Il est bon de garder dans son esprit et dans son cœur la conscience que la mort et l'impermanence sont ce qui donne à la vie sa valeur et sa beauté.

Un vieux récit bouddhiste raconte comment Marpa, le grand maître tibétain, dont le fils aîné venait de mourir, avait sombré dans un grand chagrin, sanglotant et se lamentant. Voyant cela, ses disciples, choqués, lui demandèrent : « Maître, comment pouvez-vous pleurer alors que vous nous avez enseigné que tout n'est qu'impermanence et illusion ? » « Oui, c'est vrai, répondit-il, et perdre un enfant est la plus douloureuse de toutes les illusions. »

Le but n'est pas de ne plus ressentir de chagrin ou de tristesse. Il est plutôt de ressentir tout ce qu'il y a à ressentir, et de garder son cœur ouvert malgré la douleur.

Nous aimons le monde bien que tout ce qui nous entoure soit destiné à disparaître, car nous constatons que tout renaît. La dépression nous donne l'occasion de percevoir clairement ce phénomène. Il est normal d'éprouver du chagrin pour ce que l'on perd, mais on peut aussi éprouver une grande joie en découvrant que ce monde se recrée constamment lui-même, à travers l'épanouissement des fleurs ou la naissance d'enfants.

Exercices d'approfondissement

Tranquillement assis, portez votre attention sur votre respiration. Sentez le relâchement et la contraction de l'abdomen lorsque vous inspirez, puis expirez.

Observez le cycle respiratoire pendant quelques minutes.

Maintenant, en expirant, concentrez-vous sur votre respiration. Voyez comme l'air s'échappe et se disperse dans l'espace qui vous entoure. Notez comme le vide se fait dans vos poumons et dans votre abdomen à la fin du cycle respiratoire.

Concentrez-vous sur chaque expiration. Vous remarquerez sans doute que le rythme de votre cœur se ralentit durant celle-ci, surtout à la fin. Notez également si le cours de vos pensées se ralentit à la fin du cycle.

On a dit que la conscience de l'expiration peut donner un avant-goût de la mort. Accordez toute votre attention à chaque expiration, comme s'il s'agissait de votre dernier soupir. Sentez comme votre souffle, vos pensées et votre énergie vous quittent pour se dissoudre dans l'air avant que le processus de vie ne recommence lorsque vous inspirez à nouveau. Maintenant, appréciez pleinement cet instant, alors que vous avez expulsé tout l'air et que vos poumons et le reste de votre organisme attendent que vous inspiriez à nouveau. Continuez à vous reposer à la fin de chaque expiration, jusqu'à ce que vous soyez parfaitement à l'aise avec ce processus. Seriez-vous à l'aise s'il s'agissait de votre dernier soupir ?

Quelles pensées et quels sentiments se manifestent en vous lorsque vous effectuez de tels exercices de respiration et de concentration ?

Maintenant, portez à nouveau votre attention sur le cycle respiratoire. Voyez comme l'inspiration est un acte intentionnel, qui perpétue un cycle de vie et de mort à chaque cycle respiratoire.

Après avoir observé votre respiration de cette manière, ramenez lentement votre attention sur le monde qui vous entoure. Lorsque vous vous sentez prêt, levez-vous.

Rédigez votre propre notice nécrologique. Quelle a été la durée de votre vie ? Qu'avez-vous accompli au cours de celle-ci ? Quelles sont les choses que vous auriez aimé mener à bien et que vous n'avez pas pu accomplir ? Qu'ont dit de vous les personnes qui ont assisté à vos funérailles ? Votre vie a-t-elle été longue ? Avez-vous le sentiment d'avoir quitté trop tôt ce bas monde ?

Lorsque vous aurez achevé la rédaction de cette notice, prenez le temps d'analyser les sentiments que cette tâche a suscités en vous. Vous sentez-vous triste et en colère ? Est-ce la première fois que vous avez pensé concrètement à votre propre mort ?

Quand on est sujet à la dépression, le suicide est une idée qui vient facilement à l'esprit. On pense généralement l'une des deux choses suivantes : « Cela arrangerait tout le monde si je disparaissais », ou bien, « De toute façon, je ne manquerais à personne si je mourais. » En règle générale, ni l'une ni l'autre de ces affirmations n'est vraie.

Prenez le temps de réfléchir de manière réaliste aux réactions que votre suicide pourrait susciter chez autrui. Imaginez ce que vos proches éprouveraient si vous mettiez un terme à votre existence aujourd'hui. Imaginez que l'on trouve votre corps, que l'on apprenne la nouvelle de votre mort. Imaginez ces gens à votre enterrement.

Maintenant, représentez-vous ces mêmes personnes – amis, membres de votre famille, connaissances – trois mois, six mois, ou deux ans plus tard. Quels sentiments leur inspire votre disparition ? Quels effets celle-ci a-t-elle sur leur vie ? Si vous avez des enfants, comment leur existence évolue-t-elle sans vous ? Si vous êtes marié(e) ou si vous avez un compagnon ou une compagne, quel a été le destin de cette personne ? Vos amis ressentent-ils encore le vide de votre disparition ?

Maintenant, comparez ce tableau d'ensemble avec vos idées premières. L'une ou l'autre de ces idées était-elle fondée ?

La peur

> « *Pour l'éveillé dont l'esprit est exempt de passions, dont les pensées sont exemptes de troubles, qui a renoncé tant à la vertu qu'au péché, la peur n'existe pas.* »
>
> BOUDDHA, le *Dhammapada*

La peur est une forme de souffrance, l'intuition qu'un événement fâcheux va se produire. C'est la crainte de ne pas obtenir ce que l'on désire dans le futur, ou de perdre ce que l'on possède. Nous ne devrions pas ressentir cette souffrance. Elle ne devrait même pas nous mettre mal à l'aise.

La peur est un état physique autant qu'une émotion. Elle nous raidit, nous empêche de nous détendre et de vivre dans l'ici et maintenant. Elle influence notre esprit et notre cœur.

Nous sommes habitués à vivre avec la peur, d'une manière ou d'une autre. En fait, notre comportement normal est fondé en grande partie sur la peur. Cependant, dans l'état dépressif, la peur peut être parfois si intense qu'elle nous empêche pratiquement d'agir, si forte qu'elle menace de nous engloutir.

Bon nombre de nos peurs habituelles prennent une ampleur démesurée dans la dépression. Nous avons peur de ce que les autres pensent de nous. Nous craignons de n'être aimés de personne. Nous redoutons la mort en général et notre propre mort en particulier. Nous avons le sentiment que notre dépression, notre souffrance et notre peur ne disparaîtront jamais.

Il est des circonstances où la peur est justifiée : lorsqu'une tornade se déchaîne autour de nous, lorsque nous perdons le contrôle de notre voiture ou lorsque notre enfant traverse une rue à forte circulation. Lorsque l'on est confronté à un danger réel et immédiat, la peur est utile et il est nécessaire de l'éprouver.

Mais bon nombre de nos peurs sont la résultante de projections dans le futur – l'attente inquiète de ce qui pourrait (ou de ce qui va) arriver. Dans la dépression, cette peur psychologique peut nous submerger.

Nombreux sont les déprimés qui souffrent d'attaques de panique. Ces attaques sont essentiellement fondées sur la crainte d'avoir peur. On anticipe une situation effrayante ou pénible et l'on sombre dans la peur. L'angoisse qui se manifeste alors n'est que le fruit de ce sentiment de peur. Ainsi, nous créons le cercle vicieux d'une peur qui monte en spirale jusqu'à susciter l'impression de mort imminente.

Les sentiments et les sensations de peur sont extrêmement désagréables, aussi bien au niveau physique qu'au niveau émotionnel. Pourtant, si au lieu de fuir notre peur ou d'essayer de la chasser, nous pouvions nous ouvrir et en prendre conscience, nous pourrions stopper le processus de raidissement et de contraction. Le cycle de la peur peut être brisé.

Dans la dépression, le fait d'arrêter ou de ralentir le processus de la peur peut se révéler d'une grande aide. C'est particulièrement vrai lorsque nous sommes confrontés, non pas à la crainte de quelque chose en particulier, mais à ce sentiment diffus de peur et de panique qui se manifeste parfois.

La méditation, surtout aux premiers stades de la pratique, permet de faire l'expérience de cette peur intense, mais non fondée. Comme l'a dit Katagiri Roshi, la méditation peut être assimilée à l'ouverture de la boîte de Pandore. On soulève le couvercle et on laisse sortir ces pensées et ces émotions terrifiantes, laides et ennuyeuses que l'on avait emprisonnées en soi.

Nous devons sans cesse garder intacte notre détermination de ne pas adopter une conduite de fuite. Lorsque la peur se manifeste, que ce soit durant une méditation ou au cours d'une dépression (ou dans n'importe quelle autre circonstance), on peut tout simplement en faire l'objet de sa tranquille attention. Il faut examiner cette peur, prendre conscience des sensations qu'elle suscite en soi. Il faut noter si elle réside dans sa poitrine, dans son ventre ou dans sa gorge, s'il s'agit d'une douleur ou d'une raideur. Il faut examiner sa réaction à cette sensation, observer comment cette peur déteint sur ses pensées et ses émotions. Il faut rester avec elle.

Dans la mesure du possible, il faut rester dans l'ici et maintenant, car la peur est généralement une anticipation du futur. Mais la réalité est que le présent est « l'espace » le plus sûr.

Un de mes patients était affecté de graves attaques de panique. Un jour, alors qu'il se trouvait dans un endroit inconnu et que la panique commençait à monter en lui, il appela un de ses amis pour lui demander de l'aide. Celui-ci lui demanda : « Dans quelle rue te trouves-tu ? De quelle couleur est l'immeuble en face de toi ? À quoi ressemble la cabine téléphonique ? » La première réaction de mon patient fut la colère, car il eut le sentiment que son ami ne cherchait pas du tout à l'aider. Mais ensuite, il s'aperçut que sa peur disparaissait peu à peu. Ce qu'avait fait cet ami plein de sagesse fut de le ramener dans l'instant présent, loin du futur et des peurs qu'il suscitait en lui.

La dépression offre l'occasion de découvrir sa peur pour ce qu'elle est. Il faut s'interroger sur ce que signifie le fait de ne pas l'éprouver et peut-être, ainsi, découvrir en soi une intrépidité qui sera très utile dans des situations de réel danger. Pour trouver cette intrépidité, il suffit d'accepter sa peur, d'aller à sa rencontre avec une attention empreinte de compassion.

Exercices d'approfondissement

Assis confortablement, concentrez-vous sur votre respiration.

Après avoir effectué cet exercice pendant quelques minutes, portez votre attention sur vos pensées – celles qui suscitent la peur en vous.

Observez comment votre pensée est affectée par cette peur. Le cours de vos pensées s'accélère-t-il ? Avez-vous le désir de penser à autre chose ? Éprouvez-vous une sensation de panique ?

N'essayez pas de fuir délibérément votre peur ; laissez-la se manifester comme elle l'entend et continuez d'observer vos réactions face à elle.

Maintenant, notez vos réactions physiques. Quelles sensations la peur déclenche-t-elle dans votre corps ? Où se situe-t-elle ? Ressentez-vous une raideur dans votre ventre ou dans votre poitrine ? Votre rythme cardiaque s'accélère-t-il, votre respiration devient-elle haletante ? Ces sensations sont-elles déplaisantes ?

N'essayez pas de modifier vos réactions ; contentez-vous de les observer.

Maintenant, concentrez-vous à nouveau sur vos pensées et sur la présence de la peur dans votre esprit. Celle-ci s'est-elle accrue ? Ou bien son intensité a-t-elle diminué du simple fait que vous l'avez laissée s'exprimer ? Que se passe-t-il lorsque vous essayez de la combattre ?

Cette peur est-elle liée à quelque chose qui vous menace à l'instant présent ? N'oubliez pas que grâce à la force de votre attention, la solidité et la tranquillité de votre position assise, rien ne peut vous atteindre à l'instant présent.

Concentrez-vous à nouveau sur votre respiration et sur vos sensations corporelles. Concentrez-vous ainsi pendant plusieurs minutes.

Maintenant, cette peur est-elle toujours présente ? Est-elle aussi intense ? A-t-elle diminué d'intensité ? S'est-elle amplifiée ?

En continuant d'observer votre respiration, rappelez-vous que vous avez été en mesure d'observer votre peur, et sachez que vous pourrez répéter cet exercice à n'importe quel moment.

Pensez à quelque chose de peu d'importance qui cause en vous de la peur. Quelle situation pourrait générer cette peur en vous ? Parler à quelqu'un que vous craignez ? Vous rendre dans un endroit qui vous inquiète ? Révéler quelque chose sur vous-même à une autre personne ? Essayer d'accomplir quelque chose que vous n'avez jamais réalisé jusque-là ?

Prenez la résolution d'assumer cette situation, quels que soient les sentiments qu'elle entraîne en vous.

Prenez conscience de ce que cette peur n'est qu'une anticipation. Alors que vous assumez cette peur et que vous la dépassez, pensez-vous à ce qui pourrait arriver, ou à ce qui pourrait aller de travers ?

Réalisez tout ce que vous vous êtes promis d'accomplir. Ce faisant, cessez d'observer votre peur, vos angoisses et vos anticipations. Gardez à l'esprit votre intention de mener ce processus à son terme.

Observez votre respiration. (Vous constaterez peut-être que vous respirez à peine !) Rappelez-vous que, à l'instant même, vous êtes en parfaite sécurité alors que vous respirez, que vous êtes plongé dans une concentration tranquille. Respirez profondément par votre abdomen à trois ou quatre reprises.

Si vous éprouvez le besoin urgent de prendre la fuite, prenez à nouveau plusieurs respirations et souvenez-vous de votre intention de supporter votre peur.

Considérez cet exercice comme une expérience. Si vous êtes dans l'incapacité de le mener à son terme, voire de le commencer, dites-vous que c'est parfait ainsi, en reconnaissant que vous avez fait de votre mieux.

Si vous avez pu accomplir cet exercice, voyez dans quelle mesure le fait de vous être concentré sur votre respiration et sur vos sentiments vous a aidé. Comparez l'expérience réelle vécue avec vos craintes premières. Vos peurs étaient-elles fondées, ou bien les choses se sont-elles déroulées différemment de ce à quoi vous vous attendiez ?

Alors que vous faisiez face à votre peur, celle-ci menaçait-elle de vous submerger, de telle sorte que vous avez craint davantage la peur elle-même que ce qui l'avait motivée ?

Essayez d'accomplir cet exercice avec des situations suscitant des peurs plus intenses, et voyez ce qui se passe.

Le doute

« Il ne s'agit pas d'un simple doute, figurez-vous, mais d'un "doute colossal". Ce doute concerne ce pourquoi nous-mêmes (et le monde) devrions être si imparfaits, si accablés d'angoisses, de querelles et de souffrances... C'est un doute qui ne nous laisse jamais de répit. »

Hakuun YASUTANI

Dans la dépression, nous avons une conscience aiguë du terrible doute qui nous étreint. Nous doutons que les choses puissent jamais s'arranger. Nous doutons de nous-mêmes parce qu'il nous est difficile de prendre des décisions. Et lorsque finalement nous en prenons une, nous doutons de son bien-fondé.

Nous nous interrogeons constamment sur le futur. Nous doutons que le moindre de nos efforts puisse produire quoi que ce soit de valable. Nous doutons de notre capacité à nous connaître vraiment nous-mêmes, que quiconque puisse vraiment s'intéresser à nous. Au fond, nous doutons de Dieu ou de l'univers tout entier.

Manifestement, c'est une situation très inconfortable. Nous aimerions nous enraciner dans la certitude, trouver cette certitude en nous-mêmes. Si cela ne marche pas, nous essayons de la trouver partout autour de nous. Nous recherchons cette certitude dans un travail, une relation, une croyance ou une philosophie. Nous voulons être sûrs de notre place dans le monde. Nous voulons que notre vie soit prévisible et normale.

Bon nombre de gens se tournent vers la religion, y compris vers le zen et le bouddhisme, dans l'espoir de trouver cette certitude. Ils espèrent que, grâce à la religion, ils pourront être libérés de leurs doutes. Certaines religions, certains maîtres, affirment en effet qu'ils peuvent offrir cette libération. Ils promettent un état de certitude et de sécurité dans un monde incertain et parfois dangereux.

Toutefois, dans la dépression, tous les ancrages rassurants et confortables que nous possédions (ou que nous pensions posséder) ont disparu. Nous nous sentons à la dérive, dans l'incapacité de croire à quoi que ce soit. Le doute nous étreint fortement au creux du ventre. Quels que soient nos efforts, il nous semble impossible de nous en débarrasser.

Lorsque le doute prend trop d'ampleur, nous cherchons à l'éliminer, à nous en libérer pour toujours. Nous voulons le remplacer par des certitudes. À défaut, nous avons au moins besoin de croire en quelque chose.

Aussi désagréable que cette situation puisse sembler au début, elle est en réalité très positive.

Même si, dans notre quête de certitudes, nous pouvons dans un premier temps nous tourner vers des religions et des maîtres spirituels, les maîtres les plus sages chercheront à stimuler le doute en nous. De fait, ce doute représente en lui-même une formidable opportunité et se révèle un grand maître.

En règle générale, on se tourne vers la religion ou la philosophie en raison de quelque croyance ou explication qui paraît être un refuge sûr face à la tempête. Mais de tels refuges n'existent pas. Ils n'ont jamais existé.

Certains d'entre nous qui se sont tournés vers le bouddhisme ont pu avoir, pour un temps, le sentiment d'être tombés dans un énorme traquenard. Ils ont lu certains enseignements et ont eu l'impression qu'ils leur convenaient ; ils espéraient qu'ils leur fourniraient quelques explications, une ancre, quelque chose auquel ils pourraient croire. Au lieu de cela, on leur dit de tout étudier. On les encourage à douter. On leur conseille vivement de ne pas croire à une chose tant que son bien-fondé n'a pas été prouvé par l'expérience directe.

La plupart des *koans* – des questions et des récits sur lesquels les adeptes du zen doivent méditer – sont en réalité conçus pour *accroître* notre doute. Le premier *koan* que l'on propose généralement, appelé simplement *mu*, a été assimilé au fait d'avaler une boule de fer brûlante qui colle à la gorge.

Hakuin, un grand maître zen du XVIIIe siècle, enseignait qu'un doute intense constitue l'un des fondements de la pratique du zen. C'est principalement le doute qui nous pousse vers les enseignements et la méditation zen : Qui sommes-nous ? Pourquoi la vie est-elle si douloureuse ? Comment vivre alors que l'on sait que l'on va mourir ? Nous devons alors considérer ce doute, méditer sur lui et l'assimiler, jusqu'à ce qu'il emplisse notre être tout entier.

Nous devons trouver la volonté de rester au milieu de cet énorme doute et penser que tout est parfait ainsi. En fait, nous devons accepter la possibilité qu'il ne disparaisse jamais et que tout sera *toujours* parfait comme cela.

Cela implique que nous nous posions sans cesse des questions, que nous n'acceptions jamais a priori les réponses que les autres nous donnent. Cela implique que nous ne nous cramponnions pas aux réponses, même si nous les avons découvertes nous-mêmes.

Si nous sommes capables de vivre avec ce doute, alors nous pouvons nous attendre à être constamment surpris – par la vie, par nous-mêmes, par nos réponses, par notre expérience.

Mon maître, Katagiri Roshi, aimait à dire que si l'on étudie quelque chose, c'est dans le seul but de découvrir combien on en sait peu de chose. Vivre dans le doute, c'est vivre dans le mystère, c'est le laisser prendre une grande place dans notre vie. La vie humaine dépasse de loin notre capacité d'entendement.

C'est pourquoi le doute qui nous assaille dans la dépression est un don et un grand enseignement.

Exercices d'approfondissement

Voici un poème pour les moments de doute :

Lorsque le doute jaillira dans mon jardin
Je n'arracherai pas ses racines
Et je recouvrirai cette fleur de mystère
De l'engrais de la certitude.

Le deuil du corps

« La sagesse du corps illumine souvent
Le désespoir de l'âme. »

Marion WOODMAN

« Bouddha est le corps même. »

HAKUIN

La plupart des grandes traditions spirituelles tombent d'accord sur le fait que le corps est mortel. Même si leurs vues diffèrent en ce qui concerne l'esprit ou l'âme, toutes reconnaissent qu'à la fin, le corps redeviendra poussière. (De tout temps, on a constaté que la différence entre les êtres humains et les animaux est que les premiers savent qu'ils vont mourir.)

Au plus profond de notre chair, notre corps sait qu'il va mourir. Il ressent avec précision la perte d'énergie propre à la vieillesse, et la maladie qui annonce la décrépitude. Dans notre ADN, nous connaissons cette vérité de l'impermanence. Notre corps s'afflige de cette perte, de cette précarité d'une vie si précieuse.

La dépression n'est pas seulement une expérience de l'esprit ; elle est également une affliction du corps. Nous constatons un manque d'énergie, une lourdeur pénible, une tristesse et un chagrin qui s'infiltrent jusqu'à la moelle. La tristesse et le chagrin que nous ressentons représentent, en partie, notre désir ardent de permanence : dans toutes ses fonctions, le corps ne ressent que le changement et le dépérissement. Si nous sommes capables d'aborder ce chagrin et cette tristesse sans peur, il est alors possible de comprendre le chagrin du monde tout entier, la souffrance de tous les êtres.

Dans la dépression, nous ressentons la présence du chagrin tout autour de nous, un chagrin qui se cache dans les visages des gens que nous côtoyons. Ce faisant, nous réalisons que toute cette souffrance a la même origine. Alors, lorsque nous pleurons, nous pleurons les larmes du monde.

Le bouddhisme considère à juste titre le corps comme un moyen d'atteindre l'éveil. Pourtant, la technologie moderne a de plus en plus tendance à rendre le corps obsolète. Aujourd'hui, nous méconnaissons souvent l'un des besoins les plus fondamentaux de notre corps, celui d'être utilisé. Nous roulons en voiture au lieu de marcher. Nous achetons des plats à emporter au lieu de faire la cuisine. Nous plaçons nos assiettes sales dans le lave-vaisselle. Nous nous rasons rapidement avec un rasoir électrique au lieu de ressentir le plaisir du savon à barbe sur le visage, du poids du rasoir dans notre main.

Tous ces appareils modernes nous promettent de remplacer par un véritable plaisir ce qui était autrefois une corvée pénible et fastidieuse. En réalité, ces appareils ne font qu'accélérer des tâches qui ne constituent ni un plaisir ni une corvée. Le vrai plaisir réside dans l'activité, dans la sensation consciente de n'accomplir que cette activité – de n'accomplir que ce que l'on fait, avec tant de cœur, si pleinement, que cette simple activité remplit l'univers tout entier.

Dans l'état dépressif, la sensation de lenteur et de lourdeur est semblable à ce que l'on ressent lorsque l'on effectue une promenade méditative. L'effort extrême requis pour accomplir l'acte le plus simple – se lever ou traverser une pièce – est une occasion de vivre pleinement cet acte.

Ainsi, nous pouvons prendre plaisir à la chaleur du soleil sur notre dos, ou même à la chaleur d'une ampoule allumée derrière nous. Nous pouvons découvrir comment, avant de sombrer dans la dépression, nous avions perdu ces sensations en menant nos activités quotidiennes sans réaliser leur portée.

La dépression nous donne l'occasion de reprendre possession de notre corps, de ressentir tout ce qui nous a manqué.

Exercices d'approfondissement

Pratiquez la promenade méditative. Trouvez un endroit tranquille et suffisamment vaste pour pouvoir marcher en long et en large. Placez vos mains le long du corps ou jointes devant vous, les pieds nus, et les yeux fixés sur le sol. Portez d'abord votre attention sur votre respiration et sentez la contraction et le relâchement de l'abdomen lorsque vous inspirez et expirez. Maintenant, dirigez votre attention vers le bas, puis observez votre posture et vos muscles qui vous permettent de rester debout. Notez vos sensations corporelles – épaules, poitrine, ventre, fesses et jambes. Sentez comme le poids du corps repose sur la plante des pieds. Lorsque vous serez prêt, en inspirant, levez votre pied droit, en commençant par le talon. Prenez conscience du poids de votre corps qui se porte sur votre pied gauche quand vous avancez. En expirant, posez la demi-pointe de votre pied droit. Notez comment le poids de votre corps se porte maintenant sur votre pied droit. En inspirant à nouveau, levez le pied gauche. Continuez à marcher lentement et méthodiquement aussi longtemps que vous le souhaitez, en accordant toute votre attention aux sensations que vous procure votre corps. Lorsque vous serez prêt, arrêtez-vous et éprouvez la sensation du poids de votre corps qui repose sur la plante des pieds. Concentrez-vous à nouveau sur votre respiration et levez les yeux.

Vous pouvez également pratiquer cette méditation de manière informelle lorsque vous marchez dans un endroit quelconque, en vous contentant de vous concentrer sur l'intérieur, sur les sensations que procure la marche.

Faites des pauses tout au long de la journée pour observer la position de votre corps, que vous soyez debout, assis ou allongé. Déplacez votre attention de la tête jusqu'aux doigts de pied. Notez la pression qui s'exerce sur votre corps aux points de contact avec le sol, et notez si vos muscles sont tendus ou relâchés. Éprouvez-vous une sensation de chaud ou de froid dans certaines régions de votre corps ? Prenez conscience de vos vêtements sur votre peau, ou de l'air frais sur votre peau nue. Quelles sensations éprouvez-vous au niveau de votre poitrine ou de votre ventre ?

Préparez un plat, puis dégustez-le en silence. Appréciez le vert des brocolis, le poids du couteau dans votre main, l'arôme qui se dégage quand vous coupez les pommes de terre. Écoutez le bruit du bouillonnement du ragoût qui mijote. Sentez la vapeur chaude lorsqu'elle s'élève et qu'elle rencontre la cuillère froide que vous tenez. Avant d'entamer votre repas, exprimez votre gratitude en silence. Écoutez le bruit de la cuillère qui racle l'assiette creuse et sentez l'arôme du mets que vous portez à votre bouche. Tout en mangeant, sentez la chaleur du riz et la fraîcheur du fruit, d'abord sur votre langue, puis jusque dans votre estomac.

Ne vous arrêtez pas en si bon chemin : lavez la vaisselle avec le même plaisir et la même attention que vous manifestiez pour cuisiner et pour déguster le plat.

Le désir

« Et quelle est la noble vérité sur la cause de la souffrance ? C'est cette soif qui produit la réexistence et le redevenir, qui est lié à une avidité passionnée et qui trouve une nouvelle jouissance tantôt ici, tantôt là, c'est-à-dire la soif des plaisirs des sens, la soif de l'existence et du devenir, et la soif de la non-existence. »

BOUDDHA

« Si tu ne désires rien, tu seras satisfait dans n'importe quelle circonstance. »
« Si tu désires, tu rencontreras sans cesse des obstacles. »

RYOKAN

Dans la dépression, nous faisons fréquemment l'expérience d'une surcharge sensorielle. Nous avons perdu certaines capacités de « filtrage », et tous les bruits du monde extérieur semblent focaliser notre attention. Nous sommes assaillis par des visions, des odeurs, des sons, des pensées, et nous avons le sentiment que nous ne trouverons jamais la paix. Faire ses courses dans un magasin bondé, prendre l'autobus, ou tout simplement marcher en ville nous semble au-dessus de nos forces. Nous sommes épuisés parce que notre attention est dévorée par d'incessantes sensations.

En même temps, les rares moments de calme et de tranquillité se révèlent tout aussi pénibles. Lorsque l'on est seul avec sa vacuité et sa souffrance, on cherche des stimulations pour libérer son esprit de ces sensations pénibles. Cela peut conduire à une recherche quasiment compulsive des expériences agréables.

La deuxième vérité fondamentale que le Bouddha a décrite est que la souffrance est causée par le désir, par l'avidité – surtout l'avidité des sens. Le mot sanskrit qu'il utilise est *trishna*, qui signifie « soif » ou « désir irrépressible ».

Cette soif de l'expérience, de la sensation et du plaisir est la cause de notre souffrance. Ainsi, celle-ci ne prend pas seulement la forme de la douleur, mais également celle d'une insatisfaction psychologique et existentielle. C'est ce besoin constant et pénible de posséder toujours plus et d'être plus heureux. On craint que le moment suivant ne cause davantage de souffrance, et l'on espère qu'il suscitera davantage de bonheur.

Ce désir nous pousse à rechercher sans cesse des sensations nouvelles – surtout des sensations agréables. Nous recherchons le plaisir et évitons les sensations pénibles, et nous nous efforçons même d'éviter les sensations simplement inconfortables ou neutres. L'expérience agréable est elle-même entachée par le sentiment que nous pourrions la perdre, et c'est pourquoi nous nous y attachons encore plus fortement.

Dans notre monde de technologie et de stimulation constante, nous avons parfois l'impression qu'il est impossible d'échapper à cet assaut sensoriel. Pourtant, loin de nous contenter de toute cette stimulation, nous en voulons toujours plus – ordinateurs plus rapides, couleurs plus vives, plaisirs nouveaux et expériences nouvelles. Cette insatisfaction fondamentale ne fait que renforcer notre désir, lui donnant un caractère désespéré et addictif.

Ce n'est pas l'expérience de la douleur ou du plaisir qui entraîne la souffrance. La souffrance est ce que nous ajoutons au vécu. Le processus de l'attachement au plaisir et de l'évitement de la souffrance nous enferme dans l'insatisfaction et, au bout du compte, nous empêche de vivre pleinement notre existence.

La dépression, avec l'intensité de la souffrance qui l'accompagne, nous permet de découvrir la nature de ces deux attitudes. Nous essayons d'éviter la souffrance et nous nous cramponnons avec encore plus de force et de désespoir à tout ce qui pourrait nous soulager ou nous procurer du plaisir.

Mais il est possible de mettre un terme à cette recherche éperdue du plaisir. On peut cesser de nier sa souffrance. On peut cesser de tenir sa vie – et soi-même – d'une main de fer pour commencer à la vivre réellement. En considérant l'avidité pour ce qu'elle est manifestement, on peut commencer à changer.

Exercices d'approfondissement

Qu'est-ce qui vous semble indispensable au bonheur et au sentiment de complétude ? Vers quoi vous tournez-vous lorsque vous vous sentez seul, ou triste, ou affligé, pour tenter d'oublier ces sentiments ? Êtes-vous en mesure de percevoir cette impulsion en vous qui vous pousse à éviter la souffrance et à rechercher le plaisir, puis à y renoncer ? Est-ce difficile ? Comment vous sentez-vous lorsque vous renoncez à votre désir ?

Une des façons de percevoir l'avidité et l'attachement consiste à examiner l'ennui. Lorsque vous êtes seul, vous est-il difficile de n'avoir personne à qui parler ? Quand vous vous ennuyez, êtes-vous sous l'emprise de l'angoisse ? Utilisez-vous le téléphone, la télévision ou la radio dans le seul but de tuer votre ennui ? Que se passe-t-il lorsqu'au lieu de céder à l'ennui, vous vous contentez de l'observer ?

La méditation suscite fréquemment l'ennui. Lorsque l'on est assis tranquillement avec peu de stimuli sensoriels ou physiques, il est facile de sombrer dans l'ennui ou l'agitation.

Observez cet ennui lorsqu'il se manifeste. Recherchez-vous quelque chose pour vous occuper ou pour vous distraire ? Que faites-vous exactement ?

Peut-être des souvenirs agréables du passé vous reviennent-ils à l'esprit, ou encore des soucis concernant l'avenir. Peut-être pensez-vous à des récits que vous avez lus, ou à des chansons que vous aimez. Ou bien, tout simplement, des fantasmes de nature sexuelle, alimentaire ou autre vous traversent-ils l'esprit.

Ne jugez pas cette recherche compulsive du plaisir lorsque vous vous ennuyez. Observez comment vous réagissez vis-à-vis de l'ennui. D'où vient cet ennui ? Est-il pénible ? Y a-t-il un aspect d'avidité dans votre désir de lui échapper, de connaître au contraire le bonheur d'une distraction quelconque ?

Que se passe-t-il lorsque vous ne vous abandonnez pas à l'ennui et que vous vous contentez de l'observer ?

La fuite

« Ce que nous refusons d'affronter nous poursuivra de toute façon. »

John TRUDELL

« Même lorsqu'il perd son temps, un moine zen devrait le faire avec une attention totale. »

Dicton zen

Un des signes distinctifs de la dépression est une perte d'intérêt pour des choses qui nous procurent d'habitude du plaisir. Il peut s'agir non seulement de musique, de films, de hobbies et d'amis, mais également d'activités plus fondamentales comme les repas, le sommeil ou le sexe. Le monde a viré au gris et le soleil ne dispense plus de chaleur.

Le bouddhisme distingue trois types de sensations : agréables, désagréables et neutres. Le déprimé a le sentiment que toutes les sensations tombent dans les catégories « désagréable » et « neutre ».

Dans une telle situation, on s'efforce de trouver quelque chose qui procure du plaisir. Ou bien, si cela s'avère impossible, on espère tout au moins troquer les expériences pénibles pour des expériences neutres. Pourtant, la souffrance à laquelle on essaye d'échapper semble être à l'affût.

Dans une tentative encore plus désespérée de trouver l'apaisement, on se tourne vers la drogue, l'alcool ou les abus de toutes sortes – alimentaires, sexuels ou professionnels. Si ces conduites ne donnent aucun résultat, on aura tendance à se tourner vers des jouets plus modernes – télévision, ordinateurs, jeux vidéo. Ou bien, on peut se réfugier dans la religion, animé de la même désespérance et de la même avidité.

Il est évident que l'efficacité de toutes ces conduites est toujours très limitée. Cela est encore plus vrai lorsque l'on est plongé dans les ténèbres de la dépression. Pourtant, la plupart d'entre nous s'acharnent toujours plus dans la même voie sans issue, ou bien sautent de l'une à l'autre. Quoi que nous fassions, la souffrance est toujours là qui nous attend.

Comme pour beaucoup d'autres caractéristiques de la dépression, cette réaction est une amplification de ce qui se passe chez l'individu « normal ». C'est une aggravation de la tendance de l'homme à fuir les aspects douloureux de son existence, à éviter la souffrance à tout prix.

La plus grande partie de l'existence humaine est consacrée à cette quête. S'agissant de la dépression, toutefois, nous avons l'opportunité d'examiner de plus près cette quête. Cela est dû en partie au fait que la souffrance est plus intense, mais la raison principale en est qu'il est pratiquement impossible d'échapper à la dépression de cette manière.

La plupart d'entre nous fuient tous les types de souffrance. Cette réaction nous empêche d'être pleinement présents dans notre vie, de ressentir pleinement la joie comme la peine. En fuyant, nous tenons notre vie à distance, et nous restons avec la sensation vague, pénible que quelque chose ne tourne pas rond, que quelque chose nous manque.

La dépression nous prive de ce luxe de se détourner de sa propre vie. Nous n'avons plus le pouvoir d'échapper aux sentiments pénibles qui nous assaillent. Cela nous donne l'occasion de comprendre nos stratégies d'évitement et la raison pour laquelle cette fuite réflexe ne donne aucun résultat. Finalement, lorsqu'on se retrouve le dos au mur, on a une chance de changer. Lorsqu'il n'y a pas d'échappatoire possible, on peut trouver une nouvelle liberté.

Toutefois, il est tout d'abord nécessaire de prendre en considération deux malentendus à l'origine de notre fuite. Le premier est l'idée que si l'on souffre, c'est que quelque chose ne va pas. Souffrir signifie simplement que l'on est en vie, que l'on est un être humain sensible. Bouddha insistait sur le fait que dès que nous venons au monde, nous sommes voués à souffrir, à ressentir de la peine, à tomber malades et finalement, à mourir.

Bien entendu, il est naturel de chercher à éviter la souffrance. Cela nous permet de rester en vie. Laisser sa main sur le feu serait un signe de démence. Mais ce n'est pas là que réside notre erreur. Nous nous égarons lorsque nous croyons que nous ne devrions pas éprouver de la souffrance – que ce moment particulièrement pénible, cette expérience immédiate, ne devrait pas être.

Avec cette vision des choses, nous aurons tendance à croire que quelque chose ne tourne pas rond en nous. Ou alors nous rechercherons quelque chose à l'extérieur de nous-mêmes, quelque chose qui cloche dans ce monde, pour lui imputer la responsabilité de cette souffrance. Cette vision des choses constitue notre deuxième malentendu, et bon nombre de nos problèmes en découlent.

Lorsque l'on considère la situation ainsi – notre Moi souffrant d'un côté, et le problème à l'origine de cette souffrance de l'autre – il semble n'y avoir d'autre choix que d'essayer de changer le monde extérieur pour pouvoir être heureux. Développé à l'extrême, ce genre de raisonnement prend la forme d'une toxicomanie ou d'une compulsion, car le toxicomane s'efforce sans cesse, même si ses efforts sont vains, de trouver la paix par le biais de la seule voie qu'il a choisie. Cette croyance courante et futile fait tout simplement partie de la condition humaine, que Bouddha et d'autres ont décrite.

Le désir de trouver à l'extérieur de soi des réponses à ses problèmes sous-tend la plupart des activités humaines. La pratique spirituelle nous donne l'opportunité de percevoir le caractère erroné de cette logique, sur laquelle la plupart d'entre nous ont bâti leur existence.

Le seul véritable obstacle qui empêche de se renfermer dans la dépression, est ce sentiment que quelque chose ne va pas au plus profond de soi, que l'on est profondément imparfait. Tout ce qui nous pousse vers l'introspection, qui nous force à conclure que nous sommes en partie responsables de notre malheur, ne fait en réalité que conforter cette vision des choses.

La dépression est souvent perçue comme une manifestation de l'égocentrisme. S'il est vrai que le déprimé a tendance à se sentir plus concerné par son Moi que les autres, cela est dû uniquement au fait que celui-ci lui semble profondément imparfait et inutile. Au début, le seul fait d'admettre la réalité de la dépression est difficile, car cela équivaut à admettre le bien-fondé de la vision négative que l'on a de soi. On aurait plutôt tendance à continuer à s'en prendre aux autres ou au monde entier. Pour bon nombre de gens, l'acceptation initiale de la dépression devient donc en elle-même le plus grand obstacle. Mais si l'on est capable d'oublier ces concepts de « bon » et « mauvais », de culpabilité et de soi et d'autrui, la véritable cure peut alors commencer.

Pour traiter la souffrance associée à la dépression – ou au simple fait d'être en vie – il est nécessaire en premier lieu de l'accepter. Ses origines, ses causes et solutions ne sont pas aussi importantes que son acceptation dans un rapport d'intimité.

La méditation est une formidable occasion de mener à bien cette démarche. L'engagement dans une pratique méditative implique également le refus de fuir la souffrance ainsi que le désir de l'explorer et de l'étudier.

Lorsque l'on examine sa souffrance, on découvre peu à peu comment on la juge et comment on y réagit, par la colère, ou par le rêve, ou encore en cherchant à en imputer la responsabilité à quelqu'un d'autre. On s'apercevra bientôt que ces tentatives d'évitement sont vouées à l'échec. Avec de la persévérance, on s'aperçoit que l'on peut surmonter sa souffrance et, même si elle est toujours présente, trouver finalement la paix et la joie. En fait, la souffrance devient un élément de cette paix.

Si nous acceptons la souffrance propre à notre dépression et que nous l'étudions, nous comprendrons la raison pour laquelle nous avons cherché à la nier. Alors, la véritable acceptation de cette souffrance engendrera le bonheur.

Nous commencerons alors à comprendre la différence entre la douleur et la souffrance : la douleur ne peut être évitée, mais la souffrance qui provient de nos efforts pour éviter cette douleur n'est pas nécessaire. Ainsi que Katagiri Roshi, mon maître zen, nous le disait souvent : « Tout ce que vous avez à faire, c'est de vous tenir bien droit au milieu de votre souffrance. »

Exercices d'approfondissement

Identifiez l'un des moyens que vous utilisez – aliments, télévision, sexe, travail, etc. – pour échapper aux choses qui vous déplaisent. Durant une heure, un jour ou une semaine, prenez la décision de ne pas recourir à votre stratégie de fuite lorsque votre vie devient trop pénible – non pour vous sentir vertueux, mais pour effectuer une expérience, pour simplement observer ce processus. Et si vous choisissez malgré tout cette conduite de fuite, mettez-y un terme et examinez-la. Notez ce que vous ressentez lorsque vous choisissez de fuir cette sensation pénible. À quoi ressemble-t-elle ? Est-elle physique, émotionnelle ou mentale ? Comment vous sentez-vous lorsque vous n'avez pas la possibilité de fuir ? Essayez-vous de trouver quelque chose d'autre à la place ? Quelle est la durée de cette sensation ? Comment vous sentez-vous quand le désir de fuir a disparu ?

Maintenant, reprenez votre conduite de fuite quand cela vous semble nécessaire. Mais, encore une fois, notez ce que vous ressentez. Qu'est-ce qui déclenche le désir de recourir à cette diversion ? Quelle en est la durée ? Pour quelle raison décidez-vous d'y mettre un terme ? Comment vous sentez-vous après avoir cédé à la tentation de la fuite ? Le sentiment pénible est-il toujours présent ? Est-il moins intense ?

Ne pas faire le difficile

« La Grande Voie n'est pas compliquée. Il suffit d'éviter de faire le difficile. »

JOSHU

« Il suffirait de l'épaisseur d'un cheveu entre eux, pour que le ciel et la terre soient très éloignés. »

SENG-TS'AN

Une des principales caractéristiques de ma propre dépression était l'état d'esprit cynique et dogmatique qu'elle avait suscité en moi. En public, je scrutais constamment les gens autour de moi, en les jugeant sur leurs vêtements, leurs manières, leur façon de s'exprimer. J'avais beaucoup de mal à lire, parce que je ne manquais jamais de critiquer l'auteur, persuadé de pouvoir écrire mieux que lui, ou de proposer des idées plus profondes. Je pensais que l'existence des gens dont j'étais proche était fondée sur des motivations et des pensées profondément négatives.

Mes jugements sur moi-même étaient encore plus sévères. Je me reprochais constamment chaque pensée et chaque action. J'avais le sentiment d'être fondamentalement imparfait, d'être une belle pomme rouge, mais dont le trognon était pourri.

J'avais déjà quelque expérience de ce que le bouddhisme qualifie d'esprit discriminatoire ou critique, mais, en raison de ma dépression, cette attitude avait pris une ampleur démesurée. Je réalisai à quel point cet esprit critique est constamment tapi à l'arrière-plan, essayant à tout instant d'affecter notre vie.

La dépression expose cet esprit critique au grand jour et nous permet de voir à quel point il affecte notre pensée. S'il prend une ampleur démesurée et négative dans la dépression, ses jugements peuvent parfois être positifs. Cependant, les jugements positifs peuvent nous créer autant de problèmes que les jugements négatifs, car ils n'empêchent pas de continuer à établir des distinctions, des catégories, à évaluer, à juger.

Notre esprit critique examine chaque expérience et détermine si elle est agréable ou désagréable, puis décide si elle doit être vécue ou évitée. Il compare et regroupe tout ce qui compose notre existence, en cherchant à déterminer si une chose est semblable à une autre, en la classant et en la comparant avec toutes les autres.

Cet esprit critique est indispensable en de nombreuses circonstances de notre vie. On a dit qu'il est certainement en grande partie responsable de notre souffrance, mais il ne fait aucun doute qu'il est utile lorsque l'on veut attraper un bus. Le problème, c'est que nous ne savons pas quand il faut l'écouter et quand il faut le traiter comme un enfant capricieux – avec gentillesse, mais fermement.

Au bout du compte, notre tendance à discriminer systématiquement nous empêche de vivre pleinement. Nous consacrons souvent beaucoup d'efforts à prendre une décision au lieu de la vivre en profondeur, avec un esprit ouvert. Si l'on passe son temps à considérer tous les événements, à les évaluer et à les classer, alors on passe à côté de leur réalité et de leur interconnexion.

Jésus a dit : « Ne jugez point, afin que vous ne soyez point jugés. » Il ne s'agit pas là uniquement de la description d'un phénomène de cause à effet. La dépression nous permet de comprendre qu'à travers le jugement que nous portons sur autrui et sur nous-mêmes, nous créons une grande partie de notre souffrance. Si nous jugeons et établissons des distinctions, nous serons nous-mêmes jugés, parce que nous devrons vivre dans ce monde de jugements que nous avons créé.

Exercices d'approfondissement

Asseyez-vous et méditez tranquillement. Observez votre respiration, puis portez votre attention sur le déroulement de vos pensées. Cela vous semblera peut-être difficile au début, mais chaque fois que vous serez à nouveau plongé dans vos pensées, recommencez simplement, sans jugement, à l'observer.

Accordez une attention particulière à la façon dont vous jugez et classez les choses et, lorsque vous émettez un jugement, dites-vous simplement : « Ce n'est qu'un jugement. »

Notre esprit critique, discriminatoire, est subtil. Vous constaterez parfois que vous vous jugez vous-même : « Ma façon de critiquer sans cesse est vraiment insupportable » ou bien, « Je suis un piètre méditant : je suis incapable d'effectuer cet exercice. » Lorsque vous constatez que vous émettez un jugement sur vous-même, contentez-vous de le noter. Il peut même être très utile de se dire : « Oh, voilà le jugement qui revient » comme un moyen de minimiser l'autocritique qui accompagne ce jugement.

Lorsque vous pensez être prêt, portez à nouveau votre attention sur votre respiration avant de mettre un terme à l'exercice.

Lors de vos activités quotidiennes, concentrez-vous sur vos pensées, et notez votre besoin de juger, lorsqu'il se manifeste. Encore une fois, ne vous accablez pas de reproches. Contentez-vous de noter : « Oh, encore un jugement. »

Pour comprendre comment les jugements vous affectent, essayez de faire quelque chose que vous avez toujours détesté faire. Écoutez de la country music, lisez un roman policier, louez une cassette d'un film de Sylvester Stallone, ou regardez une émission religieuse à la télévision. Abordez cette activité avec un esprit ouvert, et examinez attentivement vos pensées. Notez quand et comment vous émettez des jugements. Qu'avez-vous ressenti ? Avez-vous eu un sentiment de dégoût ? Avez-vous été surpris de trouver du plaisir à cette expérience ? Vous êtes-vous senti supérieur après avoir émis ces jugements ?

Pour voir comment les jugements touchent vos relations avec d'autres personnes, choisissez une personne que vous détestez cordialement, ou que vous jugez sévèrement. Ensuite, durant une semaine, faites l'effort de mettre de côté ces fortes impressions négatives. Essayez d'imaginer ce qu'est la vie de cette personne. Sans que cette personne le sache, faites quelque chose de gentil pour elle : laissez-lui une friandise, envoyez-lui une carte postale anonyme mais amicale, accomplissez à sa place une tâche qu'elle était supposée faire.

Quels sentiments avez-vous éprouvés pour cette personne pendant que vous faisiez quelque chose de gentil pour elle ? À la fin de la semaine ?

Cette personne a-t-elle modifié son attitude envers vous ? Que pensez-vous de vous-même maintenant que vous avez effectué cette expérience ? Étiez-vous « mauvais » auparavant ? Êtes-vous fier d'avoir fait preuve de gentillesse pendant une semaine ? L'un ou l'autre de ces jugements est-il fondé ? Le fait qu'ils soient justes ou erronés est-il important ?

La colère

« *Un étudiant zen est venu voir Bankei pour se plaindre : "Maître, j'ai un caractère impossible. Que puis-je faire pour me soigner ? – C'est là un phénomène très étrange. Montrez-moi ça, répondit Bankei. – À l'instant même, je suis incapable de vous le montrer, répondit l'étudiant. – Quand le pourrez-vous ? demanda Bankei. – Il se manifeste de manière inattendue, expliqua l'étudiant. – Alors, en conclut Bankei, il ne peut s'agir de votre vraie nature. Si cela était le cas, vous pourriez me le montrer à tout moment. À votre naissance, vous n'en étiez pas affecté, et vos parents ne vous l'ont pas transmis. Réfléchissez-y." »*

Histoire zen

Dans la dépression, on peut littéralement se sentir malade de colère – colère contre soi-même pour s'être laissé emprisonner dans cette affection, colère contre la dépression elle-même, colère contre ceux qui sont incapables d'offrir leur aide ou qui semblent ne pas comprendre. Ou bien, on éprouve une colère qui semble irraisonnée, indépendante de toute pensée, de tout objet particulier.

La colère est parfois le sentiment prédominant dans la dépression. Parfois, elle est simplement due à la nature particulière de sa dépression. Mais cette colère trouve aussi sa source dans le refus de tolérer la tristesse et le chagrin, et c'est pourquoi elle est alors la seule émotion que l'on puisse éprouver.

Dans les enseignements bouddhistes, la colère est considérée comme l'un des « trois poisons », avec l'avidité et l'illusion. La colère a des effets très négatifs sur le corps et sur l'esprit du déprimé, mais celui-ci est incapable de la contrôler.

La dépression nous permet de voir la colère telle qu'elle est, et de comprendre la raison pour laquelle nous éprouvons à la fois de la répugnance et de l'attirance pour elle. Elle peut exercer une attraction comme substitut au sentiment de tristesse, ou comme antidote au désespoir et à l'impuissance.

La colère renforce le sens du Moi – un Moi qui semble important et qu'il faut protéger. La plus grande partie de notre colère découle de ce Moi, surtout lorsque nous avons le sentiment qu'il est menacé ou ignoré. Le fait d'examiner les pensées et les émotions qui sous-tendent notre colère peut nous en révéler l'origine et diminuer son emprise sur nous.

Mais avant de procéder à cet examen, il est utile d'observer la colère à l'état brut. Lorsqu'on l'observe sans passion, on s'aperçoit qu'elle est dotée d'une qualité énergisante. Si l'on se sent mal à l'aise quand on est en colère, on se sent aussi plus fort. C'est là que réside son pouvoir d'attraction, surtout quand l'état dépressif s'accompagne d'un sentiment d'impuissance et d'insignifiance. La colère peut venir à bout de nos sentiments de peur et de tristesse. Elle peut ranimer ce qui semblait dépourvu de vie.

Le problème de la colère est donc double : elle peut nous mettre mal à l'aise, et nous chercherons alors à la fuir. Mais elle peut aussi nous attirer, et nous nous efforcerons alors de maintenir sa flamme.

Se laisser aller à la colère ne donne généralement rien de bon. Elle déteint alors sur nos pensées et sur nos sentiments et perpétue des réactions qui engendrent de la souffrance. La colère peut également pousser à harceler et à agresser autrui.

Cependant, on s'apercevra que si l'on s'efforce à tout prix d'éliminer sa colère, on ne fera que la renforcer.

Toutefois, un autre choix nous est proposé. Nous pouvons aborder notre colère avec une tendre attention, comme nous le ferions pour la colère d'un petit enfant, pour découvrir ce qui la sous-tend. Au lieu d'essayer de l'éliminer, on peut l'aborder avec amour et non-violence.

Au début, il suffit de prendre conscience de la présence de la colère et de la manière dont elle affecte nos pensées et nos actions. En examinant calmement et directement sa colère, on sape ses fondements, de sorte qu'elle ne dure pas longtemps et qu'elle se contente d'apparaître et de disparaître sans que l'on y accorde trop d'importance.

C'est lorsque nous nous attachons à notre colère que les difficultés surviennent. Shunryu Suzuki Roshi a dit un jour, à propos de la méditation : « Vous pouvez laisser vos pensées entrer dans votre esprit, à condition de ne pas les inviter à rester jusqu'à l'heure du thé. » On peut procéder de la même manière avec notre colère. On peut la laisser aller et venir, à condition de ne pas créer un environnement qui l'encourage à s'éterniser. On peut traiter avec compassion la peur sous-jacente que l'on ressent. On peut aussi utiliser l'énergie de la colère, dont on a sans doute besoin dans l'état dépressif pour favoriser la guérison.

La colère peut aussi être assimilée à une baguette de radiesthésiste qui nous indiquerait l'emplacement de nos peurs, mais aussi des situations qui nécessitent notre intervention. La colère n'est pas toujours infondée. On ne doit pas nécessairement l'éviter ou la repousser, ou encore la juger inutile. Bien au contraire, elle peut nous transmettre l'énergie, la résolution et la clarté pour réagir de manière appropriée dans de nombreuses situations.

Exercices d'approfondissement

Asseyez-vous tranquillement, puis observez votre respiration.

Commencez à vous concentrer sur vos pensées. Si des pensées de colère se manifestent, identifiez-les comme telles et observez-les sans chercher à influer sur elles.

Que se passe-t-il dans votre esprit durant cet épisode colérique ? Le flot des pensées s'est-il accéléré, ou votre esprit est-il agité ?

Que ressentez-vous au niveau de votre corps ? Votre respiration s'accélère-t-elle, ou bien devient-elle moins profonde ? Éprouvez-vous une sensation de froid ou de chaud à un endroit quelconque de votre corps ? Votre rythme cardiaque s'accélère-t-il ou devient-il irrégulier ? Ressentez-vous une raideur quelque part ?

Quels sentiments vous inspire cette colère ? Quelles sont les pensées et les sensations qui l'accompagnent ? Vous sentez-vous mal à l'aise ? Plein d'énergie ? Avez-vous une envie quelconque de vous plonger dans cette colère et de l'entretenir ? Ou bien désirez-vous en être débarrassé ? Contentez-vous d'étudier vos réactions, sans passer à l'acte.

Qu'arrive-t-il à cette colère si vous ne faites que l'observer ? Se maintient-elle ? Se renforce-t-elle ? Ou bien disparaît-elle peu à peu ?

Concentrez-vous à nouveau sur votre respiration. Qu'arrive-t-il à votre colère ? Qu'arrive-t-il à vos sensations corporelles ? Continuez cet exercice tant que vous le trouvez agréable.

Prenez une pause au milieu de votre colère, et respirez calmement. Examinez particulièrement vos pensées. Quelles sont celles qui donnent naissance à la colère ?

Êtes-vous capable d'apprécier ou d'interpréter cette situation d'une manière différente ?

Avez-vous le désir de rester en colère ? Quelle impression vous fait le changement d'intensité de votre réaction ? Êtes-vous capable de réagir à cette situation autrement que par la colère ?

Le temps

« Étant donné que les signes du cours du temps sont évidents, les gens ne doutent absolument pas de leur réalité. Même s'ils n'en doutent pas, ils ne les comprennent pas. Considérez chaque chose de ce monde comme une parcelle de temps. Les choses ne s'opposent pas les unes aux autres, tout comme les moments ne s'opposent pas les uns aux autres. »

DOGEN, *Uji*

Au milieu de la dépression, le temps prend un aspect différent. Le mouvement, l'expression verbale, la pensée, tout se ralentit. (En réalité, ce « ralentissement psychomoteur » est l'un des critères psychologiques formels du diagnostic de la dépression.) Il est difficile d'accomplir des tâches physiques, en raison de la lenteur et de la lourdeur qui affectent le corps. Cela peut constituer un véritable problème si vous conduisez, ou si vous surveillez un enfant, ou encore si vous êtes en retard à un rendez-vous.

Dans la dépression, on se rend compte alors que le monde « normal » est fondé sur la vitesse et l'agressivité. On peut aussi se rendre compte qu'il ne s'agit là que de l'une des nombreuses conceptions possibles du temps.

Dans mon travail avec des hommes et des femmes atteints de maladie mentale, j'ai vu bon nombre de gens traverser un épisode maniaque. Dans un état maniaque, l'individu est rempli d'une grande énergie et souvent euphorique. Il parle rapidement, fait de magnifiques rêves, n'a besoin que de très peu de sommeil, et dispose d'une énorme énergie physique. Il peut être particulièrement séduisant. (Certains maniaques sont des hommes d'affaires ou des hommes politiques qui ont brillamment réussi.) Il est difficile de les aider, parce qu'ils pensent n'avoir aucun problème. Il arrive souvent que les gens de leur entourage ne s'en aperçoivent pas non plus. Une femme avec qui j'ai travaillé avait l'habitude de dire : « Si je trouvais le moyen de mettre en bouteilles cette énergie maniaque, je serais milliardaire. »

Notre culture est fondamentalement maniaque, jusqu'à imiter toutes les caractéristiques de cette pathologie. En vérité, ces caractéristiques sont particulièrement admirées et recherchées. « Ah, comme j'aimerais avoir votre énergie, votre enthousiasme, votre dynamisme. » Dans notre culture, on mesure le temps en nanosecondes, les distances ne signifient plus rien, et la réalisation est la seule chose qui compte. Dans ces conditions, il n'est guère étonnant que, dans l'état dépressif, nous éprouvions un sentiment de honte et d'inutilité, et que nous pensions être de notre devoir de faire rapidement quelque chose pour remédier à une condition aussi manifestement déphasée.

Pourtant, ce ralentissement propre à la dépression nous donne l'occasion d'explorer le monde. On peut le comparer à une retraite méditative, au cours de laquelle on a le temps d'être, simplement, sans se référer au temps.

Dans la dépression, on s'aperçoit que la vitesse du temps n'est pas constante, comme on a été habitué à le croire. Souvent, le cours du temps se déroule lentement en raison des sentiments pénibles que l'on ressent. Quand on souffre, quand on s'ennuie, ou quand on est malheureux, on reporte ses espoirs sur un futur plus heureux. (C'est là la réponse humaine fondamentale à la souffrance ou à l'inconfort.) Je pense à mon fils de six ans qui se croyait incapable d'attendre le jour de son anniversaire. Il s'était mis à rayer les jours sur son calendrier, comme s'il pouvait accélérer le cours du temps. Nous faisons pratiquement la même chose, même si c'est moins visible.

En réalité, reporter ses espoirs sur le futur ne fait qu'amplifier la douleur que l'on ressent dans l'ici et maintenant. Cela ajoute une couche de souffrance à la douleur. Il ne peut en être autrement, car on ne peut pas se débarrasser de sa souffrance émotionnelle, et souhaiter que les choses soient autrement ne fait que la renforcer. Dogen a dit : « En dépit de notre amour, les fleurs meurent et, en dépit de notre haine, les graines se transforment en fleurs. »

De toutes nos expériences, le temps est celle que nous maîtrisons le moins. Que son cours se déroule lentement ou rapidement, on ne peut rien faire pour le modifier. On ne peut s'en débarrasser, ni l'inverser. Et nous pouvons être sûrs que le temps – tout comme notre situation – changera. En réalité, c'est même la seule chose dont nous puissions être sûrs. La souffrance que nous ressentons maintenant se transformera peut-être l'instant suivant en une souffrance différente, voire en joie.

Le temps est semblable aux vagues qui agitent un lac. Il y en a toujours de nouvelles. Chacune est différente, et leur aspect à trois mètres de la rive peut être complètement autrement que ce qu'il devient en bout de course. Leur formation à chaque instant dépend d'innombrables facteurs. Parfois, elles avancent lentement, parfois rapidement. Elles peuvent être énormes, ou bien prendre la forme de tout petits remous. Mais mon désir de les voir prendre une certaine direction se perd dans le vacarme de leur fracassement sur la rive. Il en est de même pour les moments que nous traversons.

Cette observation est familière pour tous ceux qui ont fait l'expérience de revenir à une vie urbaine frénétique après une longue retraite méditative. Il leur est devenu clairement évident que le rythme de vie n'est pas quelque chose d'absolu, et que la vitesse à laquelle nous exécutons la plupart des gestes de la vie quotidienne est artificielle. Nous n'avons nul besoin de nous mouvoir à cette allure à tout moment.

Cela vaut la peine d'adopter un rythme lent, ainsi que la dépression nous force à le faire. On peut ainsi s'ouvrir aux instants qui s'offrent à soi. Si l'on est attentif, on s'aperçoit que l'on a le temps de faire tout ce que chaque moment exige de soi.

Dans l'art martial de l'aïkido, il existe une pratique appelée *randori*, dans laquelle on doit se défendre contre un grand nombre d'attaquants à la fois. Les étudiants apprennent rapidement qu'ils ne sont pas réellement confrontés à un grand nombre d'attaquants en même temps, et que la seule façon de réussir l'exercice est de se concentrer sur un seul attaquant à la fois. Si l'on distrait son attention, ne serait-ce qu'une seconde, pour s'inquiéter de ce qui va se passer l'instant suivant, on est alors perdu, hors de l'instant présent. De même, nous devons aborder chaque moment comme il se présente, comme chaque perle d'un collier. Alors, nous pourrons découvrir la beauté que recèle chaque instant.

Exercices d'approfondissement

Mettez de côté votre montre pendant quelques jours. Observez attentivement le cours du temps. En quelles circonstances s'accélère-t-il ? Et en quelles autres se ralentit-il ? Quelles sont vos pensées et vos émotions en ces moments-là ? Si vous n'accordez pas une grande attention au « temps réel » à l'extérieur de vous-même, avez-vous quand même une certaine conscience de la vitesse du temps ? Si, au contraire, vous avez une véritable conscience de la vitesse du temps réel, quelle comparaison établiriez-vous entre cette vitesse et votre propre expérience du temps ? Quel serait votre propre rythme naturel ?

Aujourd'hui, au volant de votre voiture, diminuez votre vitesse de 20 kilomètres/heure. Quelle impression cela vous fait-il de ralentir votre rythme de vie ? Quelle semble être la réaction des autres ? Que ressentez-vous après avoir changé de comportement ?

Une prairie plus vaste

> « *Si vous voulez maîtriser votre mouton ou votre vache, donnez-leur une prairie spacieuse.* »
>
> Shunryu Suzuki Roshi

Le déprimé a souvent le sentiment de ne plus maîtriser sa vie. Il a perdu espoir, comme s'il n'avait plus les moyens d'améliorer la situation. Toutefois, la plupart des déprimés pensent qu'ils peuvent changer le cours des choses.

Plus la dépression s'aggrave, et plus on s'efforce de trouver le moyen de la surmonter. Dans l'incapacité de susciter un véritable changement, on a de plus en plus le sentiment que quelque chose ne tourne pas rond en soi. On a le sentiment que l'on devrait être capable de surmonter sa dépression – si ce n'est grâce à la volonté, aux affirmations ou à la pensée positives, tout au moins grâce à l'aide d'autrui.

Cependant, en dépit de tous nos efforts, il est des moments où notre état dépressif ne s'améliore tout simplement pas, ou seulement très légèrement. Et alors, le sentiment de désespoir et d'inutilité ne fait que s'accroître.

La dépression nous confronte directement au fait que nous ne pouvons tout contrôler, quelle que soit l'intensité de nos efforts. Il est certain qu'il existe de nombreuses situations à l'extérieur de nous-mêmes que nous ne pouvons maîtriser ; mais nous ne contrôlons pas mieux notre propre personne. Il nous est impossible de grandir de trente centimètres, ou de ne jamais tomber malade, ou encore de prévenir la chute de nos cheveux. Et nous mourrons quelle que soit la qualité de notre régime alimentaire ou la quantité d'exercices que nous effectuons.

Nous vivons à une époque où l'on apprécie plus que tout le contrôle. Nos héros sont des gens couronnés de succès, riches et puissants, toutes ces qualités étant caractéristiques de la volonté de contrôle. Même le mouvement New Age, qui se réclame de l'ancienne sagesse, accorde une grande importance au pouvoir et au contrôle. L'axiome selon lequel « nous fabriquons notre propre réalité », et la croyance selon laquelle il suffit d'imaginer une chose pour l'obtenir, trouvent leur origine dans le même désir fondamental de contrôle.

Les grandes traditions spirituelles évoquent plutôt la sagesse qui consiste à trouver sa vraie place dans le monde. Une spiritualité approfondie n'est pas la résultante d'un contrôle toujours accru, mais d'une acceptation de plus en plus grande de notre impuissance intrinsèque.

En ce qui nous concerne, nous pouvons commencer le processus de guérison en reconnaissant que le déclenchement de notre dépression, de même que sa guérison, nous échappent en grande partie. Ce faisant, nous pouvons sortir de cette situation pénible et cesser de nous en rendre responsables.

Le fait d'envisager notre pouvoir de façon plus réaliste, de réaliser à quel point nous maîtrisons peu notre monde, constitue en réalité un approfondissement de notre sagesse. Se détendre, lâcher prise et s'ouvrir à l'instant présent : cette approche simple de la vie nous permettra d'approfondir notre bonheur et notre raison d'être. Dans ces conditions, nous pouvons accepter tout ce que l'on nous donne comme un cadeau.

Le désir fondamental de maîtriser le cours des choses résulte de l'attachement au plaisir et de la volonté d'éviter toute souffrance. C'est une autre forme de *dukkha*, de souffrance, de notre tendance à compliquer sans cesse notre vécu. Le désir de contrôle traduit souvent un refus d'accepter la réalité telle qu'elle est et nous fait décréter que nous avons le pouvoir de la changer.

Au fur et à mesure que diminue le désir de voir le cours des choses prendre une certaine direction dans sa vie, on peut aussi renoncer au désir de tout contrôler. On pourra alors vivre pleinement sa vie, plutôt que de vouloir en être le maître frustré.

Dès que l'on cesse de chercher à tout prix à contrôler ce que l'on ne peut pas maîtriser, on économise une grande quantité d'efforts et d'énergie – deux facteurs déterminants dans le maintien de l'équilibre mental dans la dépression. Au lieu d'essayer d'affecter le cours d'événements sur lesquels on n'a que peu de prise, il vaut mieux se concentrer sur ce qui changera véritablement sa vie et celle des autres.

En essayant de maîtriser toute chose, nous nous enfermons dans un monde confiné. À l'inverse, nous pouvons nous ouvrir à un monde plus vaste et profondément merveilleux dont nous ne sommes pas le maître, mais seulement une parcelle.

Mettre un terme à la souffrance

« Quelle est la noble vérité sur la cessation de la souffrance ? C'est la cessation complète de cette "soif", la délaisser, y renoncer, s'en libérer, s'en détacher. »

BOUDDHA

Lorsque l'on est déprimé, on a souvent le sentiment qu'on l'a toujours été et qu'on le sera toujours. On a l'impression d'être emmuré dans sa souffrance, et l'on ne voit aucune possibilité d'en sortir, malgré tous les efforts que l'on déploie pour essayer d'y échapper, notamment en courant après le plaisir.

Pourtant, la possibilité de mettre un terme à sa souffrance est réelle. La lourdeur propre à la dépression peut diminuer. Cette chaleur oppressante peut céder la place à une brise rafraîchissante – celle de la compréhension – tout comme une chaude journée d'été cède la place à une soirée fraîche.

La troisième vérité fondamentale que le Bouddha a enseignée est qu'il est possible de mettre un terme à la souffrance. Grâce à la compréhension de son origine, on peut cesser de l'entretenir indéfiniment.

La cessation de la souffrance résulte de la cessation de l'avidité, de la cupidité, des attachements – une démarche très semblable à celle du toxicomane qui cesse de consommer une drogue. On peut mettre un terme à cette dépendance et étancher sa soif, non pas en buvant quelque élixir spirituel magique, mais en découvrant par soi-même comment sa soif s'éveille.

Pour mettre un terme à notre souffrance, il faut desserrer l'étau dans lequel nous avons placé notre existence, cesser de rechercher à tout prix le plaisir, de nouvelles expériences plus intenses. À l'inverse, nous devons laisser notre vie être ce qu'elle est et, ainsi, nous pourrons enfin la *vivre* pour ce qu'elle est. En relâchant notre emprise, nous pourrons entrevoir la fin de notre souffrance.

Franchir ce pas peut susciter de fortes craintes, car il va à l'encontre de ce que l'on a l'habitude de faire. Le désir de tout contrôler réapparaît avec force. Mais pour mettre un terme à notre souffrance, il nous faut l'admettre dans notre vie. Lorsque nous l'acceptons, nous nous apercevons avec surprise que notre souffrance diminue.

Cette solution n'est pas compliquée, même si elle est difficile à mettre en pratique. Mais quand on sait qu'il existe une possibilité de mettre un terme à sa souffrance, quand on peut sentir cette brise rafraîchissante, on peut décider de s'engager sur le chemin d'une vie nouvelle. Pour la plupart d'entre nous, ce processus sera lent, mais il peut vraiment contribuer à notre guérison. Il est possible de sortir de la souffrance et de la peur qui nous accablent. Ce processus nous offre également la possibilité de vivre une existence heureuse et comblée – que nous soyons déprimés ou non –, une existence où les situations auxquelles nous sommes confrontés importent peu.

Il n'est plus nécessaire alors d'entretenir un sentiment d'infériorité et de croire que l'on manque de quelque chose. Pour la première fois, peut-être, dans notre vie, nous pourrons avoir le sentiment de posséder tout ce dont nous avons besoin.

Mon maître zen disait que ce processus n'a rien d'extraordinaire. Il s'apparente au fait de trouver une chambre confortable pour la nuit à la fin d'un long voyage.

Cette chambre est là qui nous attend tous. Elle a toujours été là. Tout ce que nous avons à faire, c'est de mettre un terme à cette quête effrénée de réponses.

Exercices d'approfondissement

Examinez vos croyances relatives à la souffrance. Croyez-vous que celle-ci soit inévitable ? Ou bien qu'elle forge le caractère ? Est-elle liée à la notion de lutte ? La vie serait-elle possible sans souffrance ?

Voyez-vous une différence entre douleur et souffrance ? Est-il possible d'éprouver de la douleur sans ressentir de souffrance ? Pouvez-vous imaginer une vie sans souffrance ?

La vérité du bonheur

« *Vivons dans le plus grand des bonheurs,
en ne possédant rien ;
Nourrissons-nous du bonheur comme des
dieux rayonnants.* »

BOUDDHA, *Dhammapada*

Lorsque j'étais plus jeune, j'ai développé une philosophie dont je pensais qu'elle préserverait mon existence de toute souffrance. Il s'agit d'une variante de ce que bon nombre d'entre nous essayent de faire. J'ai appelé la mienne *La vie dans le dépassement de soi*. À l'image des gens qui pratiquent les exercices de survie en solitaire, équipés uniquement d'une ligne de pêche, d'une épingle de sûreté et d'une boîte d'allumettes, je pris la résolution de mener ma vie en ne comptant que sur moi : je ne dépendrais de personne d'autre que de moi-même.

Même s'il est très utile d'être autonome, avec le recul, il me semble aujourd'hui que je ne laissais aucune place au bonheur dans ma vie. Mon seul but était d'éviter de souffrir. Mais l'existence ne se résume pas au simple fait de survivre et d'éviter la souffrance.

Dans les ténèbres de la dépression, nous donnerions n'importe quoi pour être débarrassés de cette souffrance intense. De temps à autre, il arrive que l'on traverse des périodes où l'on ne ressent rien – ni joie ni chagrin. Manifestement, ces périodes sont préférables aux phases de tristesse, de doute et de peur intenses. Mais de toute façon, il n'y a que peu ou pas du tout de joie dans notre vie.

Certaines personnes qui connaissent mal le bouddhisme le considèrent comme un chemin spirituel aride, sans joie, qui débouche sur un état tout aussi neutre : la cessation de la souffrance, mais rien d'autre. Les enseignements du Bouddha sont apparus au sein de l'hindouisme, qui percevait la vie comme une intense souffrance et pas grand-chose d'autre. Par comparaison, il a pu sembler que les enseignements du bouddhisme promettaient plus qu'une vie de souffrance.

Pourtant, loin d'être un exercice intellectuel aride et triste pour se débarrasser de la souffrance, la voie que le Bouddha a proposée est une voie qui débouche sur le bonheur. Même si les pratiques bouddhistes ont effectivement pour objectif la cessation de *dukkha* (la souffrance), elles nous orientent aussi vers *sukha* (le bonheur). Au lieu d'un désert aride, on peut découvrir une forêt luxuriante, remplie de plantes, d'animaux, de rivières impétueuses et de sources rafraîchissantes.

Lorsqu'on se trouve plongé dans la souffrance intense de la dépression, il peut être difficile de croire à un tel bonheur. Pourtant, il est bon de garder à l'esprit que notre but est de dépasser la souffrance et la mort pour nous diriger vers le bonheur et la vie. Nous aussi, nous pouvons mener une existence qui ne soit pas uniquement synonyme de survie.

Aux pires moments de ma dépression, j'ai réalisé que j'avais besoin d'aide, et je suis finalement allé voir notre médecin de famille. Je le connaissais depuis douze ans, et il m'avait traité pour toutes les maladies courantes. C'était juste après les fêtes du nouvel an, et je lui ai dit que je me sentais irritable, abattu, fatigué, désespéré et bon à rien.

Il m'a regardé et m'a dit : « Les gens ont dû s'amuser comme des fous avec toi pendant les vacances ! » J'ai ri pour la première fois depuis des mois. Pendant un court instant, j'ai pensé que je pourrais accepter ma dépression, et même m'en débarrasser. Malgré toute cette souffrance, j'étais en effet capable de rire.

Rien ne nous oblige à essayer de survivre munis seulement d'une ligne de pêche, d'une épingle de sûreté et d'une boîte d'allumettes, car nous disposons de nombreux outils et de l'aide de ceux qui nous aiment pour trouver le bonheur et la raison d'exister qui ont toujours été à portée de notre main, ne demandant qu'à être découverts.

Exercices d'approfondissement

Un poème à retenir :

Lorsque la souffrance me submergera
J'inspirerai
Et ménagerai un passage
Pour accueillir le bonheur qui viendra juste après.

La liberté

« Toutes les choses finiront par être libérées.
Il n'est nul lieu où l'on puisse les tenir pri-
sonnières. »

Sutra du Grand Trésor

« Si vous pouviez seulement vous contenter
d'être ce que vous êtes et vivre avec, alors
vous vous apercevriez que vous pouvez
aller infiniment loin. »

Jidhhu KRISHNAMURTI

La dépression peut prendre l'aspect d'un emprisonnement. Le monde environnant semble alors rapetissé, plongé
dans l'obscurité, et l'on a le sentiment d'être coupé des autres.
Dans ces conditions, la dépression peut même prendre l'aspect
d'un isolement cellulaire. Quoi que nous fassions, nous nous
sentons encore plus prisonniers, oppressés.

On oppose généralement la liberté à l'emprisonnement
et ainsi, elle est toujours perçue comme une libération de
quelque chose – oppression, souffrance, peur. En outre, nous
sommes persuadés que notre emprisonnement nous est
imposé de l'extérieur.

Pourtant, cet emprisonnement – aussi bien dans le cadre de
la dépression que dans celui de notre vie quotidienne – trouve
en réalité son origine en nous-mêmes. C'est quelque chose que
nous créons plutôt que quelque chose qui nous est imposé.

Étant donné que notre isolement et notre confinement ne sont en fin de compte que notre propre création, nous sommes les seuls à pouvoir nous en libérer. Nous pouvons trouver, y compris dans un état dépressif, non seulement un nouveau bonheur de vivre, mais aussi une liberté nouvelle.

Cette liberté n'est pas fondée sur l'absence de limites. Au contraire, elle résulte de la *perception* claire de nos limites et de notre place dans le monde. On peut alors établir des liens d'interdépendance plus forts avec tous les êtres, dont on se sent bien plus responsable. Au sein de cette interdépendance, nous ne sommes pas confinés par les limitations de notre petit Moi. Ainsi, nous pouvons commencer à découvrir un monde plus vaste à l'extérieur de nous-mêmes. Et nous pouvons peu à peu renoncer à notre désir de voir le monde prendre telle ou telle direction.

Libérés de notre attachement habituel au plaisir et à l'évitement de la souffrance, nous pouvons découvrir le bonheur qui est à notre disposition, quelles que soient les circonstances de notre vie.

En renonçant à notre attachement, nous renonçons également à la souffrance associée à notre dépression. Même si celle-ci est toujours présente, elle ne nous enchaîne plus dans le cycle infernal de la souffrance et de la peur.

Nous n'en avions même pas conscience, mais nous étions notre propre geôlier. Nous menions une existence étriquée, où nous nous sentions en sécurité, et où nous croyions pouvoir conformer la réalité à nos désirs.

On peut renoncer à cette illusion. On peut cesser de se cacher dans cette cellule où l'on se sent en sécurité et laisser ainsi sa prison derrière soi. Comme un détenu qui retrouve la lumière et la fraîcheur de l'air, nous pouvons découvrir un monde plus vaste. C'est un monde qui n'est pas limité par les frontières de notre souffrance, ni même par nos idées de liberté.

Percevoir sans chercher de coupable

« Garde les reproches en toi-même. »
Dicton d'une pratique tibétaine

Lorsque l'existence devient trop pénible, ou que tout semble aller de travers, nous cherchons presque automatiquement à en imputer la responsabilité à quelqu'un ou à quelque chose d'autre. Cette attitude est à l'opposé de celle qui consiste à examiner sa situation avec un esprit ouvert et curieux.

Sous l'emprise de la peur ou de la souffrance, on a souvent tendance à sauter l'étape de l'examen de sa situation, pour rechercher frénétiquement un responsable. On accuse généralement un autre que soi-même – conjoint, enfants, amis, etc. – car on refuse d'admettre sa propre responsabilité. On finit très vite par éprouver des sentiments de colère et d'amertume envers le monde entier.

Il est presque aussi facile de choisir de s'accuser soi-même, étant donné que l'un des symptômes courants de la dépression est le sentiment d'être fondamentalement imparfait. On croit être le seul responsable de toute sa souffrance. Il arrive même que l'on se sente responsable des problèmes et de la souffrance des autres. Au pire, la dépression peut nous pousser à croire que nous sommes responsables de tout ce qui ne va pas dans le monde. Ainsi, notre dépression semble confirmer nos pires craintes sur nous-mêmes.

Dans les deux cas, la recherche des responsabilités trouve son origine dans l'idée que si l'on souffre, c'est que quelque chose ne va pas et qu'il faut trouver un moyen d'y remédier.

Ces deux attitudes éloignent la souffrance et détournent notre attention de la réalité de notre situation. En effet, que nous imputions la responsabilité aux autres ou à nous-mêmes, le reproche est un obstacle à la véritable compréhension de notre vie.

Il existe une histoire zen à propos d'un jeune moine qui travaillait à la cuisine d'un monastère. Alors qu'il choisissait des légumes pour le dîner, il attrapa par mégarde un serpent qu'il découpa et mit dans le plat du soir, totalement inconscient de la présence de l'animal. Lorsqu'il servit le plat, le plus gros morceau du serpent se retrouva dans le bol du maître du temple. Irrité de découvrir de la viande dans son bol, le maître hurla : « Qu'est-ce que c'est ? » Le jeune homme contempla la chose, la mangea rapidement et répondit : « Merci beaucoup. »

Le geste de ce jeune moine est souvent évoqué par cette formule : « manger le reproche ». Cela signifie que nous devrions intégrer en nous les reproches, sans notion de culpabilité. Cette histoire montre que, tout comme le jeune moine, nous pouvons dépasser tous les reproches, mettre de côté notre désir d'imputer la responsabilité de nos problèmes aux autres ou à nous-mêmes.

Lorsqu'on se sent le dos au mur, le reproche est l'une des méthodes pour essayer de s'en sortir. Pourtant, les reproches ne nous seront d'aucune utilité. La recherche aveugle d'un responsable ne peut que renforcer nos sentiments d'inutilité, d'insatisfaction et de colère.

À l'inverse, nous pouvons « manger le reproche » en le laissant de côté, et essayer de découvrir la *nature* de notre trouble, et non son *origine*. On peut cesser de chercher à tout comprendre et de vouloir échapper à tout prix à ses sentiments et à sa souffrance. Au lieu de cela, on peut revenir à l'attitude primaire qui consiste simplement à vivre pleinement ce qui nous arrive, même si elle est douloureuse. Ce faisant, on s'apercevra une fois encore qu'il est beaucoup plus pénible de fuir quelque chose que de l'accepter.

Quand on est confronté à des difficultés, on cherche généralement à en comprendre la nature afin de trouver une réponse adéquate. Il est préférable d'observer ces difficultés de manière profonde et tranquille, sans chercher à les comprendre, animé d'une profonde curiosité. On s'apercevra ainsi que le simple fait de considérer les choses telles qu'elles sont est suffisant, ou bien que les réponses que l'on recherche se manifestent d'elles-mêmes.

Cette pratique est tellement enracinée dans le bouddhisme que le premier type de méditation pratiqué par de nombreux bouddhistes est appelé *vipassana*, ou *méditation conduisant à la compréhension profonde*. *Vipassana* est une forme d'introspection profonde dans l'ici et maintenant. La compréhension profonde des choses que cette méditation engendre peut nous aider à transformer notre souffrance en bonheur.

C'est ce qui arriva au Bouddha la nuit de son Éveil. Il eut une compréhension profonde du fonctionnement du corps et de l'esprit, de sa propre nature.

Si vous avez fait l'effort de regarder en vous, d'observer votre dépression et vos souffrances, alors vous avez vous aussi appris de nombreuses vérités sur vous-même et sur vos réactions. Vous êtes maintenant capable d'analyser la situation dans laquelle vous vous trouvez. Vous pouvez continuer à faire face, sans crainte, à la réalité brute de votre dépression et de votre souffrance. Il est fort possible, sans même vous en être rendu compte, que vous ayez changé grâce à cet acte simple d'analyse. Vous avez changé la dépression en l'observant attentivement.

Lorsque l'on est capable de considérer sa situation sans chercher d'explication, on peut atteindre à une compréhension plus profonde, qui se situe au-delà de ses processus de pensée habituels. Avec une telle compréhension, on trouve plus facilement des solutions. On apprend à percevoir ce qui est vraiment efficace, et ce qui ne fait qu'empirer les choses. On peut alors commencer à agir pour obtenir la guérison.

Exercices d'approfondissement

Lorsque quelque chose ne va pas dans votre vie, à qui en imputez-vous la responsabilité ? Votre première réaction est-elle de vous en rendre responsable ? Ou bien rejetez-vous la faute sur quelqu'un ou quelque chose d'autre ? Dans ce cas, de qui ou de quoi s'agit-il ?

Prenez conscience de votre tendance à incriminer autrui. Contentez-vous de l'observer, en laissant de côté le besoin de vous y conformer. Que ressentez-vous quand vous adoptez cette attitude ?

Restez dans cet état d'esprit et dans cette sensation pénible. Souhaitez-vous trouver le moyen de vous en libérer ?

Essayez d'observer votre situation sans incriminer quiconque ou sans tenter de trouver une solution. Le fait de n'accuser personne (ni un autre, ni vous-même) vous procure-t-il un soulagement quelconque ?

Le simple fait d'observer passivement votre situation a-t-il contribué à la changer ? Y a-t-il autre chose que vous pourriez faire ? Si une action est effectivement nécessaire, votre réponse s'opposera-t-elle à votre attitude accusatrice habituelle ?

À qui ou à quoi imputez-vous la responsabilité de votre dépression ? À vous-même ? À des membres de votre famille ou à des amis ? À votre travail ? À vos conditions d'existence ? À Dieu ?

Le fait d'incriminer quelqu'un ou quelque chose vous aide-t-il à combattre votre dépression ? Ou bien cela vous empêche-t-il de prendre des mesures qui pourraient être efficaces ? Les reproches contribuent-ils à alimenter la colère ou le sentiment d'inutilité qui caractérisent votre dépression ?

Pourriez-vous renoncer à connaître l'origine de votre dépression ? Cette décision est-elle pénible ? Ou bien constitue-t-elle un soulagement en elle-même ?

Un poème pour les reproches :

Quand tout ira mal et que je chercherai un responsable
Je mangerai ce morceau répugnant
Et je regarderai au-delà du reproche
Pour découvrir la réalité des choses.

Ouvrir grand son cœur

*« Celui qui souffre est engagé dans un dia-
logue avec cette partie de lui-même
Qui ne sait communiquer que de cette
manière. »*

Malidoma Patrice SOMÉ

La dépression est, à maints égards, semblable à la souffrance d'un cœur brisé. De fait, lorsque l'on ralentit son
rythme et que l'on commence à s'y intéresser de plus près,
les symptômes physiques eux-mêmes se concentrent souvent
dans la poitrine. L'anxiété se traduit par une accélération du
rythme cardiaque. Le désespoir se traduit par un cœur fatigué. La tristesse et le chagrin se traduisent par un cœur
blessé.

Pour certains systèmes thérapeutiques, la maladie est
avant tout un problème de déséquilibre. Les symptômes signa-
lent les systèmes qui sont déséquilibrés. Dans la dépression, le
déséquilibre se situe souvent entre le cœur et l'esprit.

De nos jours, bon nombre d'entre nous considèrent
l'esprit et la pensée comme très utiles, tandis qu'ils considèrent le cœur et les émotions comme des obstacles. Nous
ne savons pas vraiment comment vivre notre chagrin et notre
souffrance, mais nous savons parfaitement comment penser.
En ce qui me concerne, c'était exactement mon attitude
avant ma dépression.

Dans l'expérience de la dépression, l'esprit, dont nous dépendions si fortement, nous a lâchés. Il est difficile de prendre des décisions simples, de se souvenir de petits faits. On se sent lent et stupide. En fait, la dépression amplifie de nombreux aspects de notre personnalité et de notre processus de pensée. Notre esprit est alors assailli par des jugements et des comparaisons.

Petit à petit, on se rend compte que ce n'est pas seulement une caractéristique de la dépression, mais que cela tient aussi, dans une large mesure, à la nature de notre mode de pensée habituel. En réalité, notre dépression nous permet de découvrir très clairement ce fait.

La méditation nous aide à comprendre ce phénomène, car elle peut favoriser un réel détachement de ces pensées et de ces dispositions d'esprit. On peut alors commencer à se libérer soi-même de sa souffrance, commencer à s'éloigner de ce que les maîtres zen appellent le « petit moi ». Peu à peu, on subit moins l'influence de ses propres pensées.

Au fur et à mesure que l'emprise de ce petit esprit diminue, les sentiments et les émotions se renforcent. L'appel du cœur est tenace et peu familier pour celui qui l'a toujours ignoré. Le passé, les moments éphémères derrière soi, suscitent tristesse et chagrin. On pense à toutes les erreurs que l'on a commises, à toutes les blessures que l'on a causées. La dépression peut être un moyen d'exploration de notre chagrin. Pour la première fois peut-être, nous lui faisons face en le respectant, au lieu de le fuir.

On croit trop souvent que les émotions pénibles affectent peu celui qui emprunte la voie spirituelle. Cette idée favorise le rejet de ces émotions et, pourtant, étant donné que notre objectif est d'éprouver de la compassion pour tous les êtres, nous devrions éprouver la même compassion pour nous-mêmes et pour nos émotions pénibles.

Cela ne signifie pas qu'il faille se perdre dans ses émotions, dans sa colère ou sa tristesse. Il faut – et c'est une chose très différente – les reconnaître, les accepter et les écouter.

La tristesse parfois accablante de la dépression nous donne l'opportunité de faire face à ces sentiments difficiles avec tendresse et compassion.

L'empathie constitue une autre opportunité nouvelle. Plongée dans les abysses de la dépression, une femme que je connaissais bien s'aperçut qu'elle ne pouvait plus regarder la télévision, parce qu'elle fondait en larmes devant presque toutes les émissions – y compris lors de ces émissions commerciales où des personnes appellent juste pour dire « je t'aime » à des membres de leur famille. Durant ma propre dépression, il m'arrivait de retenir mes larmes à la simple vue d'une personne âgée qui peinait à porter son sac. En nous ouvrant sur un monde plus vaste, il se peut que nous ressentions pour la première fois le chagrin de ce monde. Ainsi, nous pouvons éprouver de la compassion pour nous-mêmes, une compassion aussi naturelle que la respiration, une compassion qui est toujours présente.

Mon maître avait l'habitude de dire que l'on s'attache trop souvent à une conception grandiose et compliquée de la compassion. Pourtant, la compassion est aussi simple que le fait d'aider un enfant à traverser une rue dangereuse. Elle existe en nous avant même qu'une quelconque pensée de compassion ait effleuré notre esprit.

Selon le bouddhisme, il s'agit là de la véritable expérience de *dukkha*, la souffrance et d'*annica*, l'impermanence. Nous pouvons faire l'expérience du chagrin et de la tristesse en découvrant notre souffrance et l'impermanence qui caractérise notre vie, ainsi que nous le demande notre cœur.

En apprenant à discerner et à respecter ces sentiments de chagrin et de souffrance, on peut découvrir en soi cette compassion que l'on a ignorée pendant si longtemps. Il ne s'agit pas uniquement d'un rétablissement du déséquilibre entre la tête et le cœur. Du fait de ce processus, les sentiments initiaux où l'on se sent à nu, vulnérable et sans défense peuvent briser le cœur profondément. On peut alors éprouver pour la première fois – non seulement le chagrin qui affecte l'esprit et le corps – mais surtout la tristesse de tous les êtres de ce monde.

Un cœur ouvert découvre qu'il n'a pas besoin de se protéger, que la sécurité est une illusion. Dans cette prise de conscience réside le véritable courage, car, ainsi que l'on pourrait s'en rendre compte face à un danger physique, l'endroit le plus sûr est parfois le plus proche de ce que l'on craint.

Exercices d'approfondissement

Asseyez-vous tranquillement et confortablement. Après quelques minutes consacrées à l'observation de votre respiration, concentrez-vous sur votre poitrine. Si vous l'observez attentivement, vous pourrez sentir le battement de votre cœur. Vous constaterez sans doute qu'il ralentit lorsque vous inspirez et qu'il accélère lorsque vous expirez. Notez si les pulsations vous donnent l'impression d'être lentes ou rapides. Sont-elles accompagnées d'un sentiment de chagrin, de peur ou de désespoir ? Ne rejetez pas ces sentiments. Traitez-les avec chaleur et compassion, comme vous le feriez avec un enfant perdu. Dites à ces sentiments que vous souhaitez les connaître, que vous écouterez ce qu'ils ont à vous dire. Vous pouvez aussi leur parler de votre chagrin et de votre regret de les avoir ignorés si longtemps.

Essayez également d'éprouver des sentiments de chaleur et de compassion pour vous-même. N'oubliez pas qu'il n'y a aucune raison d'éprouver de la honte à propos de choses que vous n'avez pas prises en considération, et qu'il est très courageux de vouloir les entendre maintenant, de laisser votre cœur s'exprimer. Peut-être avez-vous eu le sentiment que votre cœur était emprisonné dans des rubans d'acier ou dans un bloc de cristal. Voyez comme ces liens se détendent, comme ils se défont peu à peu. Sentez comme votre cœur s'ouvre, et sachez qu'il ne peut le faire que lentement, au rythme qu'il a choisi. Laissez grandir votre cœur, jusqu'à ce que sa chaleur et son rythme apaisant remplissent votre corps tout entier. Souvenez-vous que votre cœur n'a aucunement besoin d'être blindé ou protégé.

Des sentiments intenses peuvent se manifester. Cela peut se produire la première fois que vous pratiquez cette méditation, ou bien au bout de plusieurs fois. Laissez la tristesse, le chagrin ou la joie vous submerger. Si ces sentiments provoquent des larmes, une difficulté à respirer ou des rires, laissez-les se manifester. Honorez et intégrez ces sentiments, en les traitant encore une fois comme s'il s'agissait d'un enfant, ou d'un voyageur perdu. Dites-leur qu'ils sont les bienvenus et qu'ils ont trouvé un foyer dans votre cœur.

Encore une fois, adressez-vous des pensées chaleureuses et empreintes de compassion, pour avoir eu le courage d'écouter vos émotions. Sentez à nouveau les battements de votre cœur, et observez comme ils s'harmonisent avec votre respiration. Portez votre attention sur le relâchement et la contraction de votre abdomen, sur le rythme régulier et apaisant de votre respiration. Lorsque vous vous sentirez prêt, ouvrez les yeux et levez-vous.

Vous vous suffisez à vous-même

« Tout le monde a plus qu'il n'en faut pour vivre :
Il semble que je sois le seul à ne rien posséder.
Insensé que je suis ! Comme mon esprit est embrouillé !
Tout le monde est brillant : moi seul suis dans l'obscurité. »

LAO-TSEU, *Tao-Te Ching*

On a tous connu ce sentiment d'être imparfait, de ne pas se suffire à soi-même, de ne pas compter, d'être indigne de cette terre.

La dépression engendre ou accentue souvent ce sentiment. Ces sentiments peuvent mener à la tentation du suicide, pour quitter ce monde auquel nous n'avons pas l'impression d'appartenir, et qui, de toute façon, ne semble pas désirer notre présence.

Avec de tels sentiments, l'enseignement bouddhiste selon lequel nous avons déjà les conditions de la perfection et possédons tout ce dont nous avons besoin, peut être dur à « avaler ». L'idée que l'on puisse être déjà Bouddha, déjà éveillé, déjà comme on devrait être, apparaît comme une plaisanterie cruelle. Si c'était le cas, pourquoi n'avons-nous pas le sentiment d'être éveillés ? Pourquoi souffrons-nous ? Pourquoi devrions-nous faire des efforts pour découvrir cet éveil ?

Pourtant, même plongés dans les affres de ces sentiments et de ces questions, nous pouvons trouver la graine de notre éveil, la graine de notre nature de Bouddha. Nous la trouverons en refusant de baisser les bras, en cherchant la vérité, en venant en aide à un ami, sans la moindre hésitation. Comme une graine dans le sol, celle-là est enterrée profondément en nous, loin de la lumière, et elle a besoin de nourriture pour éclore et pousser.

La méditation est l'un des façons de nourrir cette graine. Il y en a d'autres : rire, travailler avec d'autres personnes, ou faire de notre mieux à chaque instant. Nous pouvons aussi nous efforcer de reconnaître tous les liens qui nous unissent aux autres, de reconnaître la nature sacrée de tous les êtres.

À notre époque, et dans notre culture, il n'est pas surprenant que tant d'entre nous doutent tellement de leur valeur. Nombreux sont ceux qui ont reçu une éducation qui les a persuadés que tout homme est un pécheur inné. En outre, en Amérique, nous croyons en la suprématie de l'individu, nous croyons que chacun de nous peut réussir dans toutes ses entreprises et que, si nous échouons, c'est que quelque chose nous fait défaut. La pensée New Age elle-même pousse à croire que tout ce qui arrive est dû aux pensées, aux rêves et aux croyances. Le bouddhisme américain n'est pas en reste, qui a intégré les concepts du karma et de la réincarnation pour concocter une sorte de puritanisme bouddhiste, où la joie et la peine du moment présent ne seraient que la résultante de nos actions passées, bonnes ou mauvaises.

La dépression nous permet de découvrir à quel point ces sentiments d'inutilité, d'inadaptation, sont au cœur de l'idée que nous nous faisons de nous-mêmes. Pourtant, il suffit de voir ces croyances pour ce qu'elles sont, sans les combattre, ni les fuir, pour favoriser leur élimination.

Dans ce dessein, il suffit d'accepter ces sentiments et ces croyances, sans chercher à les repousser. En se familiarisant avec eux, ils perdent leur apparence de monstres effrayants. Au contraire, bon nombre des sentiments qui nous rendent prétendument indignes – colère, avidité et peur – ne sont en fait que les réponses, ô combien humaines, que nous avons trouvées pour faire face à la douleur et à la souffrance.

Plus notre existence sera marquée par une liberté nouvelle et par une meilleure compréhension de ce que nous sommes et de ce qu'est réellement notre existence, et plus nous pourrons laisser derrière nous nos sentiments d'indignité. On peut exister, comme le dit Allen Ginsberg, « sans avoir de diplômes… sans s'excuser ». On se rend alors compte que l'on fait bel et bien partie de ce monde, que l'on porte effectivement les graines de la compassion et de la bonté en soi, que l'on se suffit à soi-même.

Exercices d'approfondissement

Assis confortablement sur une chaise ou sur un coussin, portez votre attention sur votre respiration. En inspirant, voyez comment vous vous remplissez, comment vous prenez du volume. Laissez votre ventre se gonfler quand vous inspirez, et se contracter quand vous expirez. Inspirez l'air frais que la terre offre à tous les êtres. Alors que vous êtes assis là, remplissant l'espace comme tous les êtres qui vous entourent, sentez votre réalité physique. Observez comme tout ce qui vous entoure existe sans se sentir coupable, sans chercher à expliquer la raison de son appartenance à cet environnement.

Quand le sentiment d'imperfection se manifeste, laissez-le s'exprimer et, lorsqu'il commencera à disparaître, laissez-le s'en aller. Revenez à cette réalité fondamentale : en ce moment, vous existez.

Asseyez-vous le dos bien droit, en ayant conscience d'être vivant, d'être important, et d'être capable d'affecter positivement la vie d'autrui. Prenez conscience des liens de parenté qui vous unissent à tous les autres êtres dans le monde, et de votre droit fondamental à vivre, à donner et à recevoir de ce monde, exactement comme ces êtres le font eux-mêmes.

Si un sentiment d'orgueil se manifeste, laissez-le aussi s'exprimer, puis s'en aller. Acceptez le fait qu'il est lui aussi une partie de vous-même, mais qu'il n'est pas tout votre être. Avec gentillesse et acceptation, souvenez-vous que ce genre de sentiments n'est qu'une parcelle de ce qui fait de vous un être humain.

Lorsque votre respiration est bien stabilisée, concentrez-vous sur votre cœur. Sentez la lourdeur, la tristesse qui l'affectent. Scrutez-le et pensez à toutes les fois où l'on vous a dit que vous étiez imparfait, que vous ne comptiez pas, que n'importe qui valait mieux que vous, que vous n'étiez pas à la hauteur.

Voyez toutes ces blessures que vous avez accumulées dans votre cœur, toutes ces circonstances où des gens vous ont dit – et vous les avez crus – que vous étiez stupide ou que vous ne comptiez pas. Souvenez-vous de ces moments où vous avez été blessé, oublié, ou rejeté, où l'on vous a délaissé, où vous ne vous sentiez pas intégré, où vous étiez seul et que cela vous était insupportable.

Alors que toutes ces blessures vous reviennent en mémoire, sentez la chaleur de votre propre souffle. À chaque inspiration, emplissez votre cœur de gentillesse. Sentez la chaleur qui remplit votre cœur.

Maintenant, pensez à la gentillesse dont vous avez fait preuve à l'égard d'autres personnes, quand vous avez donné de votre temps et de votre énergie pour autrui – ces temps où vous saviez ce qui était juste et où vous agissiez en fonction de cette conviction. Alors que ces souvenirs vous reviennent à la mémoire, voyez comme les blessures du passé et ce sentiment de n'être pas intégré s'écoulent hors de vous à chaque expiration.

Géologie émotionnelle

> « *Je jure que la terre sera sûrement complète*
> *pour celui qui sera complet ou pour celle*
> *qui sera complète,*
> *La terre ne reste ébréchée et cassée que*
> *pour ceux qui restent ébréchés et cassés.* »
>
> Walt WHITMAN,
> *Le Chant de la terre qui tourne*

Au beau milieu de ma dépression, j'ai essayé de coucher par écrit ce que je ressentais. J'ai décrit un grand gouffre plongé dans l'obscurité – un abîme qui me terrifiait et me fascinait tout à la fois.

Au début, c'était effrayant et sinistre, le dernier endroit que j'aurais souhaité découvrir, encore moins fréquenter. Toutefois, au fur et à mesure que je m'habituais à cette image, je m'aperçus que je pouvais pénétrer dans cet endroit et l'explorer. Je n'avais plus peur de tomber dans ce gouffre noir et sans fond. Au contraire, je pouvais m'y promener et il y avait des choses très intéressantes à y découvrir.

L'image s'est modifiée. Je pouvais voir des plantes, des fleurs et des arbres qui poussaient sur les parois du gouffre. Il y avait là de petits animaux qui puisaient leur vie du peu de lumière. Au lieu de ténèbres profondes, j'ai découvert une source fraîche et douce qui sourdait du fond.

La dépression autorise une sorte d'exploration spirituelle. Ce gouffre n'est qu'un début, semblable à l'entrée des enfers de la mythologie. Mais ce lieu est bien plus intéressant qu'un univers de pourrissement et de mort. Les abysses que l'on découvre dans la dépression ressemblent davantage au monde souterrain merveilleux qu'Alice découvrit dans le terrier du lapin – terrifiant, mais malgré tout d'une étrange beauté.

Je ne perçois plus l'exploration de la dépression sous l'aspect d'une descente aux enfers. Je la considère plutôt comme une géologie spirituelle et émotionnelle. En explorant cet espace, on découvre de l'or et des pierres précieuses.

Mais même ces trésors, au fur et à mesure que l'on creuse et que l'on explore, se révèlent insignifiants. Ce que nous cherchons vraiment est enfoui beaucoup plus profondément. Sous la surface de nos mondes intérieur et extérieur, sous le sol incroyablement riche où la croissance et le déclin poursuivent leur cycle sans fin, nous atteignons la roche de fond, le socle inébranlable de notre vie.

Sous cette roche de fond, se trouvent de l'eau, des sources fraîches, des rivières et des lacs souterrains. Ces eaux nous procurent notre subsistance, notre calme fondamental. Là, sous cette fondation que nous imaginions impénétrable, se trouve le mouvement constant, la nature fluctuante et changeante de notre vie.

Là, également, se produit la transformation alchimique des animaux morts et des végétaux en décomposition. Transformés par la chaleur et la pression en combustibles fossiles, ils deviennent la lumière et l'énergie de notre vie. Ils nous réchauffent, éclairent notre route, et nous viennent en aide tout au long de notre voyage.

Enfin, sous toutes ces couches, se trouve l'énergie pure. Autonome, ne dépendant pas de la lumière du soleil, du vent ou de l'eau, c'est le noyau en fusion. C'est l'endroit où les passions et les désirs se transforment, tout comme la roche se transforme en lave. Cette lave qui remonte finalement à la surface, pour redevenir roche, pour créer des îles, des continents et de nouvelles terres. C'est le noyau qui peut également transformer notre vie. Là, également, se trouve la source de la gravité, cette force qui émane du centre et relie toutes les choses ensemble, tout comme notre existence est imbriquée dans celle de tous les autres êtres.

Exercices d'approfondissement

Précédemment, vous vous êtes sans doute représenté votre dépression sous l'aspect d'un lieu. Vous avez imaginé un désert aride, une forêt épaisse, un ravin embrumé, ou peut-être le fond d'un océan. Maintenant, retournez dans cet endroit. Préparez les provisions et l'équipement nécessaires. Ensuite, faites quelques incursions dans ce territoire – des trajets courts et lents dans un premier temps.

Pouvez-vous concevoir autrement votre dépression ? Au lieu de la considérer comme un endroit hideux, effrayant et de mauvais augure, pouvez-vous l'imaginer comme un lieu digne d'être exploré, un territoire aux multiples possibilités ? Faites en sorte que votre exploration soit caractérisée par un sentiment de curiosité, d'émerveillement. Cet endroit recèle-t-il une beauté qui vous avait échappé la première fois ? Y a-t-il une vie que vous n'aviez pas remarquée ? Comme un explorateur dans un territoire inconnu, efforcez-vous de ne pas découvrir ce lieu avec les lunettes de votre propre monde. Qu'y a-t-il là qui puisse vous intéresser ? Qui puisse vous effrayer ? Vous surprendre ou vous choquer ? Y a-t-il des choses qui pourraient vous être utiles dans votre vie quotidienne et que vous pourriez emporter ? Pourrez-vous raconter des récits d'aventures merveilleuses ?

On revient souvent d'un tel voyage avec autre chose que de nouvelles expériences. On en revient fondamentalement transformé. On a appris de nouvelles leçons, ou trouvé une force ou une sagesse que l'on ne se connaissait pas. En supposant que vous vous êtes lancé dans cette exploration de la dépression avec un esprit et un cœur ouverts, quelles sont les richesses intérieures que vous en avez ramenées ?

Un chemin à travers la dépression

> *« Mais quel est, ô moines, la noble vérité sur le sentier qui conduit à la cessation de la souffrance ? C'est le noble sentier octuple, à savoir, la vue juste, la pensée juste, la parole juste, l'action juste, le moyen d'existence juste, l'effort juste, l'attention juste et la concentration juste. »*
>
> BOUDDHA

> *« Le sentier se trouve toujours juste sous vos pieds. »*
>
> Issan DORSEY

Lorsque l'on est déprimé, on se sent à la dérive dans le monde, perdu dans sa propre existence. Au beau milieu de cette souffrance, toute suggestion sur le moyen de trouver sa voie est la bienvenue. Si quelqu'un pouvait seulement nous indiquer un chemin clair et convaincant, nous le suivrions aussi rapidement et aussi attentivement que possible.

Mais, malheureusement, il semble n'y avoir aucune réponse facile. À l'instar de Hansel et Gretel, on s'aperçoit que les miettes de pain que l'on a laissées derrière soi pour retrouver son chemin ont été mangées, et l'on se retrouve perdu.

La difficulté pour trouver sa voie est due au fait que la vie humaine ne fonctionne pas de manière programmatique, même si, souvent, on aimerait que cela soit le cas. Il n'existe pas de solution unique, une série d'étapes qui, lorsqu'on les a franchies, permettent de résoudre les problèmes définitivement.

Toutefois, nous *pouvons* trouver notre voie. Et, au lieu de sortir de la vie, nous pouvons trouver un chemin qui nous y ramène – un chemin qui est en lui-même une façon d'être à tout moment.

Lorsque le Bouddha réussit à se frayer un passage à travers la souffrance de l'existence pour rejoindre un lieu de paix et de bonheur, il avait à la fois trouvé et conçu un chemin. Ce chemin, qu'il a appelé le *sentier octuple*, est à la disposition de chacun. Il est constitué – ce n'est pas une surprise – de huit éléments : la vue juste, la pensée juste, la parole juste, l'action juste, le moyen d'existence juste, l'effort juste, l'attention juste et la concentration juste.

Le mot *samma*, qui décrit chaque partie du sentier, est traduit habituellement par « juste », mais la racine de ce mot en sanskrit signifie « complet » ou « entier ». Ces huit qualités peuvent nous conduire à être plus présents dans notre vie. Chacune d'elles exprime la plénitude, la faculté de guérison et l'harmonie qui sont d'ores et déjà présentes dans notre vie.

Sur ce sentier, les étapes ne sont pas séquentielles. Elles constituent en réalité un cercle dans lequel chaque étape conduit à la suivante, qu'elle informe et qu'elle renforce, et ainsi de suite.

Le sentier octuple n'aboutit pas à la réalisation d'un objectif. Il est lui-même l'incarnation de l'objectif. En nous engageant sur ce sentier, nous avons déjà pénétré dans la plénitude de la vie.

Le sentier octuple peut être divisé en trois zones : celle des conceptions ou compréhension, celle de la méditation et celle de l'action éthique. Les qualités du sentier octuple ne nous sont pas immédiatement accessibles dans notre dépression, alors qu'elles pourraient grandement soulager la souffrance particulière qui nous affecte.

La dépression affecte notre faculté de penser en suscitant des croyances douloureuses et dangereuses. Nous pouvons éliminer bon nombre de ces croyances en nous interrogeant honnêtement sur leur bien-fondé, en les confrontant à notre vécu. Lorsque l'on parvient à une meilleure connaissance de soi, on peut trouver un antidote à sa souffrance.

La dépression affecte également notre capacité à agir. Notre comportement peut être préjudiciable pour nous-mêmes et pour les autres. La dépression peut aussi rendre difficile l'accomplissement de toute action. Dans les deux cas, on peut apprendre à agir d'une manière plus harmonieuse et plus efficace.

Enfin, le déprimé a souvent le sentiment d'être coupé de la vie. La dépression dresse souvent des obstacles qui rendent difficile un ancrage plus profond dans son existence. La méditation est une pratique qui, fondamentalement, conduit à être pleinement présent, à établir des liens plus intimes avec ce que l'on rencontre, à tout moment.

Le sentier octuple peut prendre l'aspect, dans un premier temps, d'une tâche décourageante. Mais s'il exige effectivement des efforts, il n'est pas vraiment difficile. En fait, il s'agit davantage d'une orientation que d'un sentier.

Si l'on s'engage sur ce sentier, c'est que l'on a pris la décision d'aller vers le bonheur, la compassion et le service rendu, et de se détourner de la souffrance et de l'isolement. Ce changement de direction se produit en soi, de sorte que dès que l'on se met en route, n'importe quelle direction devient la bonne.

Ce chemin est un mode de vie. C'est une façon d'agir, une façon de se comporter avec soi-même et avec autrui. Tout ce que l'on y rencontre peut prendre la forme d'un enseignement.

Il n'y a pas de mauvais changements de direction dans ce voyage. La voie que vous choisissez, quelle qu'elle soit, vous donnera l'occasion de faire des expériences et des découvertes.

Exercices d'approfondissement

Retournez dans cet endroit que vous aviez assimilé à votre dépression. Si vous vous êtes rendu là-bas à plusieurs reprises, vous devez bien le connaître. Il se peut même que vous vous y sentiez bien. Il ne revêt plus un aspect terrifiant à vos yeux, et vous vous êtes aperçu qu'il est du plus haut intérêt.

Maintenant, imaginez que vous deviez trouver un signe dans cet endroit. Peut-être s'agit-il d'un sentier qui a été tracé à travers la forêt sombre dans laquelle vous vous trouviez, ou bien d'une étoile qui vous indiquera le chemin pour sortir d'un désert plongé dans la nuit, ou encore d'un filin de sauvetage que vous pouvez suivre du fond de la mer.

Observez attentivement ce sentier (ou cette piste) jusqu'à ce qu'il devienne clair dans votre esprit. Prenez conscience de ce qu'il y a un moyen de sortir de cet endroit qui vous apparaissait jusqu'alors comme une prison éternelle. Êtes-vous prêt à partir ? Êtes-vous surpris de découvrir que la perspective de quitter cet endroit vous rend triste ? Êtes-vous prêt à entreprendre ce voyage ? Éprouvez-vous un sentiment de liberté ou de soulagement alors que vous vous mettez en route ?

La voie du milieu

La dépression accroît notre tendance habituelle à tout voir en noir et blanc. La nuance échappe à notre entendement : les choses sont ainsi et pas autrement. Quand finalement nous prenons une décision, elle est dichotomique. (En fait, si nous avons du mal à prendre une décision, c'est en grande partie parce que nous pensons en des termes très rigides et qu'il nous est donc très difficile de gérer les subtilités de multiples possibilités.)

Toutefois, même si ce genre de pensées rigides est sans doute réconfortant, celles-ci permettent rarement de décrire la réalité. Il suffit de penser à tous ces conflits ethniques, politiques ou religieux pour comprendre où les conceptions extrêmes nous conduisent. S'il est agréable de s'en remettre aux extrêmes parce qu'ils procurent des certitudes réconfortantes, on s'apercevra au bout du compte que ce ne sont que des illusions douloureuses.

Le Bouddha décrivait son enseignement comme une voie médiane entre les deux extrêmes, qui consistent à rechercher la paix soit dans les plaisirs sensuels, soit dans les pratiques ascétiques. La voie du milieu suit la ligne étroite entre l'égoïsme et le désintéressement, entre une vision de l'existence fondée sur l'apparence des choses et l'assimilation de cette existence à une illusion.

Cette voie du milieu est un chemin difficile à suivre, parce qu'il est totalement dynamique. Il nous contraint souvent à gérer en même temps deux concepts contradictoires. Cela implique de se tenir en équilibre au bord du précipice, et d'éviter la tentation des réponses faciles.

Récemment, j'assistais aux funérailles d'un homme profondément bon avec qui j'avais travaillé. Au cours de la cérémonie, le pasteur a demandé aux personnes présentes de livrer leurs souvenirs sur Michael, le défunt. Nombreux furent ceux qui décrivirent son extrême gentillesse, son profond désintéressement, sa propension à encourager les autres en leur disant : « Ne vous refusez rien. »

Durant un moment, personne ne s'exprima, et il sembla qu'il n'y avait rien d'autre à rajouter. Puis, mon amie Elaine, une personne âgée, se leva lentement. Au milieu de toute cette vénération, sa voix puissante s'éleva : « D'un autre côté… » commença-t-elle, puis elle poursuivit et raconta comment

Michael l'avait encouragée à acheter un manteau qu'elle n'avait pas les moyens de s'offrir, en lui disant : « Ne vous refusez rien. » Elle adorait Michael, dit-elle, mais elle voulait lui faire savoir qu'elle n'avait toujours pas fini de payer ce manteau.

En nous rappelant que toute médaille a son revers, Elaine nous a sagement remis sur le droit chemin, celui du milieu, qui mène à la vérité.

Suivre ce chemin, c'est accepter la tension inévitable entre des concepts et des possibilités opposés. C'est accepter la possibilité que deux éléments contradictoires puissent être également fondés. Emprunter la voie du milieu implique que l'on ne prenne pas les croyances et les idées au pied de la lettre et que l'on accepte éventuellement de changer d'opinion.

Dans notre combat contre la dépression, cela peut nous obliger à naviguer sur la rivière de l'incertitude : faut-il chercher à résoudre ses problèmes avec des médicaments, ou bien refuser de considérer cette option ? Faut-il considérer la dépression comme une simple maladie physique, ou bien comme une affection due à des problèmes psychologiques et à de piètres capacités d'adaptation ? Doit-on s'acharner à trouver un moyen de guérir, ou bien faut-il y renoncer et se contenter de lâcher prise ?

La voie du milieu exige que nous considérions toutes nos actions et tous nos choix avec un esprit pratique. Elle exige également que nous ne perdions pas de vue la spiritualité qui doit sous-tendre nos décisions. En définitive, nous devons éviter à la fois le fanatisme et l'indécision, et examiner attentivement les exigences du moment.

Exercices d'approfondissement

Pensez à une situation difficile que vous avez vécue. Elle ne doit pas nécessairement avoir un rapport avec votre dépression ; il peut s'agir d'un problème professionnel, relationnel ou familial.

Maintenant, laissez ce problème évoluer dans votre esprit pendant quelques minutes. Laissez-le traverser les couches de vos pensées et dirigez-le peu à peu vers le bas jusqu'au ventre. Si des pensées sur ce que vous devez faire se manifestent, contentez-vous de les noter.

Imaginez que ce problème soit dur, rond et difficile à couper. Observez-le attentivement.

Maintenant, alors que vous examinez ce problème, coupez-le en deux comme une orange. Contentez-vous de l'observer. Espacez autant que vous pouvez les deux moitiés, tout en vous concentrant sur les deux approches de la situation. S'il s'avère que vous considériez ce problème sous un seul aspect, poussez ce raisonnement jusqu'à l'absurde ou presque, puis prenez en considération la thèse opposée.

Continuez à réfléchir de cette manière jusqu'à ce que vous ayez éloigné ces deux moitiés le plus possible l'une de l'autre. Imaginez que vous teniez une moitié dans chaque main, en évaluant le poids de leur vérité et de leur réalité dans vos mains. Pouvez-vous percevoir la vérité de chacune ?

Prenez la graine de vérité présente dans chacune d'elles, et placez ces deux graines devant vous. Laissez-les ainsi pendant quelques minutes.

Pouvez-vous trouver un moyen de poursuivre votre réflexion qui évite ces deux extrêmes et qui, malgré tout, prenne en compte la graine de vérité contenue dans chaque moitié ? Continuez de tenir ces deux moitiés séparées tout en avançant sur le sentier qui se faufile en équilibre entre elles.

Notez vos réactions face à des situations difficiles pendant quelques jours. Avant de réagir d'une certaine manière, prenez le temps d'évaluer le bien-fondé de la réaction opposée. Celle-ci est-elle susceptible de tempérer votre approche habituelle ? Y a-t-il une voie médiane pour aborder ce problème ?

La voie spirituelle n'est pas ce que vous croyez

*« Vous ne pourrez l'obtenir par la pensée ;
Vous ne pourrez le rechercher sans la
pensée. »*

Poème zen

On croit souvent, lorsqu'on s'engage sur la voie spirituelle, qu'il suffit, pour la suivre, de se conformer à des règles précises. On espère trouver, en se conformant à ces règles ou à un certain mode de comportement, le bonheur, l'illumination ou la paix intérieure.

Pour les personnes déprimées, cela peut poser un véritable problème. Elles sont en proie à une telle souffrance, qu'elles suivront n'importe qui ou n'importe quelle méthode qui proposerait des solutions faciles et des résultats acquis d'avance.

Mais la vérité est que le chemin spirituel n'est jamais aussi simple. Fondamentalement, il ne peut en aucun cas se résumer à l'observation de règles formelles. En réalité, on ne trouvera pas la vérité en adoptant telle ou telle pensée, ou en agissant de telle ou telle manière, en portant tel type de vêtements, ou en se rasant la tête, ou encore en se laissant pousser les cheveux.

Ce n'est pas parce que l'on n'éprouve jamais aucun trouble, ni aucune souffrance ou déception que l'on trouvera la vérité. On ne la trouvera pas davantage en arborant un masque d'impassibilité du matin jusqu'au soir, ni en s'oubliant soi-même en cherchant inlassablement à rendre service aux autres.

Enfin, inutile d'espérer la trouver en pensant sans cesse à soi-même. En réalité, elle se situe en dehors de toute idée que l'on peut avoir sur elle.

On n'a en fait une chance de la trouver qu'en abordant tout être et toute chose avec compassion et attention. On la trouvera en étant présent dans sa propre vie avec tout son cœur et son esprit. Et, loin de la découvrir dans un quelconque système de croyances ou dans tel ou tel type d'actions – tout ce que l'on croit savoir – on la trouvera dans le désir de *ne pas* savoir, de retrouver l'ouverture d'esprit et la curiosité que l'on avait en venant au monde.

Exercices d'approfondissement

Pensez à tous les moyens que vous avez utilisés pour essayer de trouver la vérité, la paix et le bonheur. La plupart n'ont-ils pas abouti seulement à des désillusions ? Vous vous êtes aperçu que ce qui vous semblait plein de promesses et d'espoirs n'était en fait qu'une impasse.

Mais il fut un temps où vous aviez le sentiment que tout allait pour le mieux dans le meilleur des mondes, où vous vous sentiez parfaitement à l'aise dans votre vie, dans votre environnement. Vous étiez en paix, heureux de vivre et reconnaissant d'être en vie.

Peut-être s'agit-il d'une époque où vous jouiez avec votre enfant, ou bien où vous étiez simplement assis auprès d'un ami proche, ou encore où vous contempliez la pleine lune. Il se peut aussi que vous ne faisiez strictement rien. Ou peut-être traversiez-vous des temps difficiles ou douloureux, en considérant malgré tout que les choses étaient exactement comme elles devaient être à ce moment-là.

Pensez à l'un de ces moments. Essayez de dépasser les détails particuliers de cette situation. Percevez-vous ce qui vous permettait de comprendre et de ressentir cette intimité avec vous-même et avec votre vie ? Ce faisant, vous avez fait le premier pas sur le chemin de la vérité.

L'autorité ultime

« Éclairez-vous à votre propre lampe. »

BOUDDHA

« Des deux juges, faites confiance au premier. »

Dicton d'une pratique tibétaine

Le déprimé s'aperçoit souvent que le nombre de personnes qui veulent lui donner des conseils sur ce qu'il convient de faire est illimité. Il les écoute alors bien volontiers parce que c'est justement ce qu'il recherche : qu'on lui dise ce qu'il doit faire. De fait, pour celui qui se sent complètement à la dérive, doutant de son propre jugement et incapable de prendre la moindre décision, tous ceux qui proposent leurs conseils apparaissent comme des sauveurs. Il souhaite qu'un autre lui montre le chemin.

C'est là le problème, car ce phénomène a des bons et des mauvais côtés. Le mauvais côté, c'est que personne ne connaît mieux que vous la voie qui vous convient le mieux, aussi nul ne peut vous donner la réponse. Le bon côté, c'est que puisque personne, à part vous-même, ne connaît la réponse à votre problème, vous ne pourrez en trouver la solution qu'en vous-même.

Personne ne peut vivre votre vie à votre place, et personne d'autre que vous ne subira les conséquences de vos décisions.

Chacun est libre de vous donner tous les conseils possibles et imaginables, mais il ne s'agira toujours que d'opinions. On pourra vous conseiller d'aller voir un psychologue, ou de faire davantage d'exercice, ou de vous soigner par les plantes, ou de changer votre régime alimentaire, ou de prendre des médicaments, ou de ne pas en prendre. Mais, étant donné que personne d'autre que vous ne connaît votre situation globale, ne soyez pas surpris si ces conseils ne font qu'accroître votre confusion, et si les conseils proférés avec le plus de force et de véhémence proviennent de l'intérieur de votre être.

Pour trouver le chemin de la guérison, il vous faudra écouter ces nombreuses voix, et pourtant ne choisir en fin de compte que la vôtre.

Votre corps, votre esprit et votre vie sont uniques. Ainsi que le disait un maître zen : « Le moindre de vos pets ne peut se comparer avec celui de personne d'autre. » Les circonstances de votre vie exigent attention et compassion, lesquelles doivent en premier lieu être de votre fait.

Lorsque, après avoir refusé pendant un certain temps de voir la vérité en face, je pris conscience de ma dépression, je me suis aperçu que toutes sortes de préjugés et d'idées préconçues encombraient mon esprit. J'avais passé plus d'une décennie à conseiller des personnes atteintes de maladies mentales, dont un grand nombre souffrait de dépression. J'étais capable de comprendre et d'accepter leurs choix, et je les encourageais à garder un esprit ouvert vis-à-vis de méthodes diverses telles que les traitements psychologiques ou médicamenteux. Malheureusement, j'étais incapable de faire preuve de la même compréhension vis-à-vis de ma propre personne. J'avais le sentiment que ma dépression devait être le fruit de quelque faiblesse personnelle, et qu'aucune aide extérieure n'était nécessaire.

Je dus examiner attentivement mes idées préconçues, puis me mettre à considérer les choses avec ce que l'on a appelé « l'esprit du débutant ». Jusque-là, je n'avais tout simplement pas de solutions pour sortir de ma dépression et résoudre mes problèmes existentiels.

En suivant le chemin de votre propre guérison, n'oubliez pas que ce chemin est uniquement le vôtre. Personne d'autre ne peut vous l'indiquer, et personne d'autre que vous ne pourra l'emprunter.

Bon nombre de gens s'engagent dans la voie spirituelle pour trouver un maître, une tradition ou un texte sacré qui leur indiquera la voie à suivre. Ce faisant, ils se dégagent de toute responsabilité. Lorsqu'enfin ils comprennent leur erreur, si tant est qu'ils en aient la chance, ils découvrent que la véritable spiritualité, loin de signifier l'abandon de toute responsabilité, implique au contraire son acceptation résolue.

Apprenez tout ce que vous pourrez sur votre maladie, sur les théories à propos de ses causes, sur les divers traitements possibles et leurs implications, mais sachez que la décision de la marche à suivre n'appartient qu'à vous. Vous saurez mieux que quiconque si une méthode vous convient ou non. En particulier, personne ne saura mieux que vous si quelque chose vous sera utile ou non, s'il favorisera votre guérison ou non, et s'il vous aidera à vivre plus pleinement.

Ainsi, vous apprendrez à faire davantage confiance à votre jugement, le seul valable, en réalité, pour ce qui vous concerne. Au fur et à mesure que vous aurez une conscience plus claire et plus détachée de vos sentiments, pensées et sensations, et au fur et à mesure que vous connaîtrez mieux votre dépression, vous saurez déterminer avec beaucoup plus de perspicacité si tel traitement ou telle démarche sont efficaces. Quel que soit le chemin que vous choisirez, vous serez également plus à même d'informer les gens que vous souhaiterez aider, lesquels, à leur tour, pourront vous venir en aide plus efficacement.

Sachez que les gens critiqueront la moindre de vos décisions. En outre, en parcourant la littérature consacrée aux diverses théories et approches de la dépression, vous vous apercevrez qu'il existe des myriades de méthodes et d'idées à ce sujet, dont bon nombre sont totalement contradictoires. Quel que soit votre choix, quelqu'un ne manquera pas de vous dire que vous faites fausse route. Alors, souvenez-vous que la vérité réside souvent entre deux idées totalement opposées.

Ne vous cramponnez pas à une idée ou à une méthode quelconque, même si vous avez commencé à la mettre en pratique. Mais ne la rejetez pas trop rapidement non plus. Soyez patient et donnez-lui un peu de temps pour prouver son efficacité. D'un autre côté, si elle se révèle manifestement inutile, abandonnez-la. Vous devez accepter la possibilité que vos idées et vos préjugés sur un traitement, une thérapie ou un médicament se révèlent erronés.

Le pouvoir final de décision, s'agissant de votre vie, n'appartient qu'à vous. Pour paraphraser un célèbre slogan, mettez en doute l'autorité, y compris la vôtre. Faites preuve de souplesse, ayez confiance en vous-même, et ne vous accablez pas de reproches lorsque, sur le chemin que vous avez choisi, vous faites des erreurs.

Si vous êtes capable d'adopter cette attitude au milieu de votre dépression, vous en serez d'autant plus capable dans n'importe quelle autre circonstance de votre vie.

Exercices d'approfondissement

Avant de pouvoir vous considérer comme l'autorité ultime, il est bon que vous identifiiez d'abord ceux que vous considérez maintenant comme des autorités. Quand vous ne savez pas quoi faire, vers qui vous tournez-vous ? Quand vous êtes désespéré parce que vous ne savez pas quoi faire, pensez-vous que quelqu'un d'autre devrait décider à votre place ?

Une fois que vous avez identifié ces autorités, êtes-vous capable d'écouter leurs opinions, tout en sachant que le dernier mot vous appartient ?

Asseyez-vous tranquillement et observez votre respiration. Oubliez un instant de vous inquiéter de la meilleure méthode à suivre et de ce que les autres pensent de vous. Allez au tréfonds de vous-même pour trouver cet endroit où un être sage vient s'asseoir à vos côtés. Efforcez-vous de reconnaître cet être. Imaginez-le sous une apparence qui vous convienne, que celle-ci soit traditionnelle ou moderne.

Maintenant, observez le visage de cet être : ce visage si calme n'est-il pas le vôtre ? Inspirez lorsque vous vous verrez dans les yeux de cet être sage. Posez-lui une question si vous le souhaitez. Ou bien, restez simplement assis tous les deux en silence, en respirant ensemble. Après une sorte de salut intérieur qui est davantage un geste de reconnaissance que la manifestation d'une adoration quasi religieuse, quittez cet être et revenez à l'observation de votre respiration. N'oubliez pas que cette sagesse est à tout moment à votre disposition, chaque fois que vous en aurez besoin.

La communauté

« Il peut sembler que je vive en reclus, loin de tous les êtres qui peuplent ce monde, et pourtant, comment se fait-il que je n'aie jamais cessé de penser à eux ? »

Ryokan

Le mot sanskrit *sangha* fait référence à la communauté de ceux qui pratiquent le bouddhisme. À l'origine, il désignait la communauté des moines, mais, au fil du temps, sa signification s'est élargie pour englober également la communauté des laïcs. Certains maîtres ont encore élargi cette notion, jusqu'à y inclure tous les êtres sensibles. C'est d'ailleurs tout à fait dans la lignée de la pensée du Bouddha, puisqu'il a dit : « J'ai reçu l'Éveil en même temps que tous les autres êtres. »

Dans le bouddhisme, la *sangha* est considérée comme un joyau ou un trésor parce qu'elle peut constituer une aide inestimable pour tous ceux qui s'engagent sur la voie spirituelle. Bien entendu, comme toute communauté, celle-ci peut aussi être une source de frustration et, dans certaines circonstances, elle peut même constituer une entrave.

La *sangha* a été comparée à une machine à laver remplie de pierres. Quand toutes les pierres s'entrechoquent les unes contre les autres, leurs arêtes s'émoussent et, peu à peu, leur surface devient lisse. Quand, finalement, on les sort de la machine, leur apparence s'est complètement modifiée. Non seulement elles sont lisses, mais elles ont acquis une beauté nouvelle, avec des couleurs et des motifs qu'on ne leur connaissait pas jusque-là.

Le déprimé a souvent le sentiment d'être coupé de toute vie communautaire. Ce lourd rideau qui semble l'envelopper le maintient isolé et rend difficile tout contact avec autrui. Il est particulièrement compliqué d'établir un contact avec les autres lorsque ceux-ci souhaitent donner des conseils et montrer la voie.

Lorsque nous essayons de parler à des amis, la plupart ne peuvent écouter très longtemps le récit de nos problèmes, de notre désespoir et de notre souffrance, et ils nous arrêtent ou s'en vont au bout d'un certain temps. Pour d'autres, il est difficile de nous écouter, car nos paroles font remonter à la surface des peurs et des chagrins enfouis au plus profond de leur être.

Quant à ceux qui sont bien disposés, qui s'efforcent d'être véritablement présents, nous avons l'impression de leur expédier des dépêches d'une contrée lointaine. Nous leur parlons de paysages et de sons d'une terre qui leur est inconnue, et nous ne trouvons les mots pour décrire correctement nos impressions. Nos peurs sont difficilement traduisibles. Même si nous avons maintenant plus que jamais besoin de contacts humains, nous éprouvons le plus souvent un sentiment de frustration et d'irritation lorsque nous tentons de nous adresser aux autres.

L'exemple des groupes d'entraide – lesquels ont redécouvert la valeur de la *sangha* à notre époque – peut ici nous aider. Le fait de parler à un autre individu qui a vécu la même expérience que soi peut être extrêmement curatif. On découvre alors que l'on n'est pas seul et que d'autres ont survécu aux souffrances de la dépression. Ils peuvent même faire profiter de leurs expériences. Lorsque l'on se trouve en compagnie de telles personnes, on n'a pas besoin de dépenser une grande énergie pour expliquer la crise que l'on traverse. C'est un immense soulagement que de pouvoir enfin être compris.

Nous pourrons même trouver une personne à qui quelques paroles suffiront pour qu'elle comprenne tout ce que nous avons besoin de lui dire. Nous nous sentirons alors entendus, reconnus et compris. Souvent, avec une telle personne, il n'est même pas nécessaire de s'exprimer. Nous savons qu'elle n'attend rien de nous.

Un individu qui a souffert de dépression aura tendance à faire preuve de plus de courage envers vous. Il sait ce qu'est une dépression, aussi éprouve-t-il moins de craintes que d'autres qui n'en ont pas connu les affres. Il est la preuve vivante que vous pouvez vous en sortir. Il peut vous dire ce qui l'a aidé et vous expliquer comment adapter sa méthode à votre cas. Ses paroles sont marquées du sceau de l'expérience.

Bon nombre de gens – dans les professions d'assistance à l'individu – et de nombreux maîtres spirituels n'ont pas vécu votre expérience. Ils ont peut-être beaucoup de connaissances dans leur domaine de compétence, mais il leur manque la compréhension, l'expérience partagée, l'expérience viscérale, pour pouvoir vraiment entrer en contact avec une personne plongée dans les affres de la dépression.

Une communication profonde avec quelqu'un qui a exploré la même réalité intérieure peut procurer un sentiment de sécurité et d'espoir et donner la force de renouer des contacts avec l'ensemble de la communauté. Nous pourrons alors franchir la barrière de la dépression pour reprendre notre place dans la communauté et avancer sur le chemin de la guérison.

Un de mes amis, plein de sagesse, qui dut lui aussi se battre contre une dépression, a très bien décrit cette situation : « C'est comme si, dit-il, nous étions tous deux encordés au milieu d'une falaise escarpée et dangereuse. Nous ne savons pas s'il vaut mieux descendre ou monter. Et il nous faut consacrer presque toute notre énergie à cette situation dans laquelle nous nous trouvons tous deux, si bien qu'aucun de nous ne peut véritablement venir en aide à l'autre. Mais quel soulagement de savoir simplement qu'un autre est présent sur cette falaise et que l'on peut lui parler, lui demander : "Alors ce sentier, à quoi ressemble-t-il ? As-tu peur ? Ça te semble encore long pour arriver en bas ?" »

Sur n'importe quel sentier, avoir un compagnon, c'est un précieux cadeau.

Exercices d'approfondissement

Asseyez-vous confortablement en compagnie d'un être cher, et observez tous deux votre respiration. Vous pouvez tous deux regarder devant vous. Ou bien, si vous vous sentez suffisamment en confiance, vous pouvez vous asseoir l'un en face de l'autre, en vous regardant bien droit dans les yeux.

Restez silencieux, pensez à votre respiration, et partagez ensemble ce moment. Prenez plaisir à la présence de l'autre personne, en écoutant sa respiration tranquille, tout comme elle écoute la vôtre.

Si elle bouge sur son coussin, sachez que cette personne est confrontée à la même agitation et au même inconfort que vous.

Restez assis et sachez que vous n'êtes pas condamné à traverser l'existence dans une perpétuelle solitude, que d'autres sont à votre côté durant ce voyage, même s'ils poursuivent leur propre voie.

Lorsque vous aurez terminé, saluez-vous, ou bien, d'une manière ou d'une autre, reconnaissez les bienfaits de ce que vous avez partagé.

Aujourd'hui ou un autre jour, après vous être assis en compagnie de votre ami, allez ensemble vous promener ou déjeuner en silence et en conscience. Une fois encore, contentez-vous de partager le plaisir et le bien-être d'instants privilégiés en compagnie d'une autre personne.

À tout moment, une femme sur sept et un homme sur douze sont confrontés à la dépression. Prenez le risque de lui

tendre la main. Dites-lui que vous êtes confronté au même pro-
blème qu'elle, et demandez-lui si elle aimerait joindre ses
efforts aux vôtres afin de mener ensemble le combat contre
cette affection. Vous pouvez même prévoir des rencontres
régulières. Dites-lui que vous savez ce qu'est une dépression
et que vous ne vous sentirez pas blessé si elle ne vous rappelle
pas tout de suite ou si elle ne se sent pas la force de venir à
un rendez-vous.

La foi

« Il n'y a rien qui puisse nous persuader ou nous forcer à avoir la foi. La foi implique la tranquillité, et la tranquillité totale est la source de notre nature et de notre existence. »

Dainin Katagiri Roshi

Il est difficile d'avoir foi en quoi que ce soit lorsque l'on vit des moments extrêmement douloureux. Si la foi était fondée sur l'espoir, elle disparaîtrait en même temps que l'espoir. Justement, quand il n'y a plus d'espoir, que reste-t-il ?

Il nous reste nous-mêmes – notre esprit et notre corps. Et nous pouvons espérer avec confiance qu'au cours de notre vie, grâce à notre expérience, nous trouverons les réponses que nous recherchons.

Dans le bouddhisme, la foi consiste à comprendre que le Bouddha a bien trouvé la solution au problème de la souffrance. Mais ce point de départ ne doit pas être appréhendé de manière aveugle, c'est une prise de conscience qui doit être confirmée par l'expérience.

Dans notre dépression, nous pouvons faire confiance aux solutions que d'autres ont trouvées avant nous. Nous pouvons constater que d'autres se sont guéris de leur dépression et, de ce fait, espérer obtenir le même résultat. Avec notre propre expérience, notre corps et notre esprit, nous pouvons trouver les solutions qui nous permettront de guérir.

Paradoxalement, nous pouvons également accepter en toute confiance l'un des fondements majeurs de notre souffrance : l'impermanence des choses, qui n'est que trop évidente dans la dépression. Au lieu d'accroître notre désespoir, l'impermanence peut au contraire nous redonner espoir.

Seule l'impermanence des choses rend possible un changement quelconque. La situation est peut-être difficile à ce moment, mais on peut être certain qu'elle changera. Même si on ignore l'aspect que prendra le moment suivant, c'est dans cette incertitude même que réside notre chance.

Le déprimé a l'impression qu'il a toujours été déprimé et qu'il le sera toujours. C'est là que l'impermanence peut l'aider. La plupart des dépressions guérissent au bout d'un certain temps, d'elles-mêmes.

On a beau se sentir bloqué dans son état dépressif, comme si l'on se tenait immobile au milieu d'un monde en rotation rapide, on n'en fait pas moins partie de ce monde changeant. Aussi peut-on avoir foi en la possibilité du changement et en la possibilité d'une cessation de la souffrance. En dernière analyse, cette confiance est fondée sur la foi en soi-même.

Parfois, on n'espère plus rien. Mais l'espoir implique de ne rien faire, de ne prendre aucune part active dans le déroulement des événements et d'attendre que la guérison se produise toute seule. On peut à l'inverse avoir confiance – une confiance qui nous pousse à faire des efforts. Cette foi et ces efforts, en nous rapprochant de ce que nous recherchons, se renforceront.

Le désintéressement

> « "Qui êtes-vous ?" lui demanda le ver à soie.
> Ce n'était pas là un début de conversation
> bien encourageant : Alice répondit, non
> sans quelque embarras : "Je... je ne sais
> trop, monsieur, pour le moment présent...
> Du moins je sais qui j'étais quand je me suis
> levée ce matin, mais j'ai dû, je crois, me
> transformer plusieurs fois depuis lors." »

> Lewis CARROLL,
> *Alice au pays des merveilles*

> « *Étudier la voie du Bouddha, c'est étudier
> le Moi. Étudier le Moi, c'est l'oublier. Oublier
> le Moi, c'est être illuminé par toute chose.* »

> DOGEN, *Genjokoan*

Dans la dépression, on a parfois le sentiment que son Moi le plus profond s'est désintégré. Rien de ce que l'on fait ne semble pouvoir changer le cours des choses. On ne sait plus qui l'on est ni comment trouver sa place au sein de la société. Au mieux, cela peut être très perturbant, au pire, terrifiant.

Le bouddhisme a analysé en profondeur cette notion du soi et en a conclu qu'en réalité, une telle entité – un soi distinct, concret et immuable – n'existait pas. (Le bouddhisme désigne cette absence d'un soi permanent comme l'une des « caractéristiques de l'existence », avec la souffrance et l'impermanence.) Ce concept peut être dérangeant, difficile à comprendre et à accepter, y compris pour celui qui a une longue expérience de la méditation. Lorsqu'on en fait l'expérience vivante, il peut même se révéler terrifiant au début.

Notre réaction initiale à ce concept de non-soi est souvent l'incrédulité. Notre expérience nous indique qu'il existe un soi indépendant, concret. Toute autre vision des choses nous semble invraisemblable ou absurde. Toutefois, si l'on creuse un peu le sujet, on peut commencer à comprendre ce que recouvre cette idée. Cela peut même nous aider à comprendre l'expérience de la dépression.

La croyance universellement répandue en un soi distinct, différencié est pour nous très importante. En vérité, elle constitue un aspect essentiel de notre développement. Nous nous souvenons tous de notre besoin profond, lors de l'adolescence, d'afficher notre différence, d'être un individu bien distinct et qui compte.

De même, en tant qu'adultes, nous avons tous le sentiment profond de construire un Moi distinct, par exemple lors d'un entretien d'embauche, ou à l'occasion d'une réunion d'anciens élèves, ou encore lorsque nous tombons amoureux. Nous avons fabriqué un Moi, un ensemble de représentations et d'actions que nous avons ensuite dévoilées et défendues.

Pourtant, le bouddhisme nous dit que ce Moi est artificiel.

Ce que nous percevons habituellement comme un soi immuable et distinct n'est en réalité qu'un processus dynamique. La science indique que les cellules de l'organisme se renouvellent complètement tous les sept ans. Quant à nos pensées et à nos perceptions, elles changent bien plus vite encore.

L'interdépendance est à l'origine de notre existence. Nous sommes étroitement dépendants de tous les êtres, de toutes les choses dans ce monde. Si nous existons, c'est grâce à une myriade de causes et de forces, au milieu d'autres individus, au sein de ce réseau que constitue la vie tout entière. Aussi, plutôt que d'imaginer notre Moi comme le centre du monde, nous pourrions dire de manière plus précise qu'il *est* en réalité le monde tout entier.

Mais quel rapport cela a-t-il avec la dépression ? Dans la dépression, il se produit une pause dans l'agitation continuelle de l'esprit et dans la création permanente d'une histoire fondée sur des souvenirs. Ainsi, on peut percevoir la réalité de la non-existence d'un soi distinct et immuable. On peut aussi découvrir cette réalité grâce à la méditation, ou à la suite d'une tragédie, ou encore lors de n'importe quelle activité au cours de laquelle « on se perd soi-même ». Ce phénomène est grisant et libérateur, mais parfois aussi, perturbant et effrayant.

En un sens, la dépression est une maladie dans laquelle le Moi illusoire semble se désintégrer. En même temps, cependant, le Moi semble être plus substantiel, parce que la souffrance qu'éprouve ce Moi apparent est extrêmement intense. C'est pourquoi la dépression est si propice à l'examen et à l'analyse de ce que recouvre la notion de « Je » ou de « Moi ».

Si l'on pouvait s'ouvrir à sa souffrance et non chercher à la combattre, on aurait une image de soi à la fois plus souple et moins pesante. On pourrait alors faire l'expérience de soi-même comme d'un être plus vaste, plus ouvert, un être qui intègre le monde entier.

La dépression, qui, d'une certaine manière, peut endormir notre conscience et nous isoler, peut aussi nous dévoiler une importante vérité. Celle-ci nous montre que nous ne sommes pas coupés du monde, car nous pouvons manifestement percevoir que nous ne sommes rien d'autre que le monde lui-même.

Exercices d'approfondissement

Asseyez-vous et, tout en observant votre respiration, concentrez-vous sur vos pensées. Restent-elles constantes ? Les « pensez-vous » ? Se manifestent-elles parfois spontané-

ment ? Sont-elles en grande partie constituées de souvenirs ? Des projets d'avenir les agitent-elles ? Cela favorise-t-il leur apparition et leur disparition ? Vous retrouvez-vous dans vos pensées ?

Observez vos sensations. Y a-t-il là quelque chose de constant ? Votre Moi se trouve-t-il dans vos sensations ? Dans votre corps ? Ou bien, quand vous y pensez, signifie-t-il quelque chose de plus pour vous ?

Observez vos sentiments. Alors qu'ils vont et viennent, distinguez-vous des schémas ou des habitudes ? Votre Moi se trouve-t-il dans vos sentiments, ou dans ces schémas ? Est-ce cela ce que vous êtes ?

Observez celui qui examine ces pensées, ces sentiments et ces sensations. Est-ce lui votre Moi ? Où va donc cet observateur lorsque vous ne faites plus attention ?

Avez-vous l'impression que toutes ces choses – pensées, sentiments et sensations – changent constamment ? Parfois les pensées prédominent, parfois ce sont les sentiments et parfois les sensations. Vous reconnaissez-vous dans ce processus ?

Lorsque vous êtes assis et que vous observez simplement votre respiration, y a-t-il un moment où ce phénomène se déroule calmement ? Y a-t-il un moment où il n'y a ni pensées, ni sentiments, ni sensations – uniquement votre respiration ? Où êtes-vous dans ces circonstances ?

Tout au long de la journée, faites des pauses pour vous observer. Comment percevez-vous votre Moi ? Représente-t-il vos sentiments ? Vos pensées ? Vos sensations ? Votre corps ? Existe-t-il une conscience qui soit vous ?

Y a-t-il quelque chose de constant qui donne une impression de continuité, qui pourrait être ce Moi ?

Assumez-vous plusieurs rôles durant la journée – parent, amant, ami, travailleur, patron, enseignant ? Lequel de ces rôles est vous ? Vous interagissez avec tout ce qui vous entoure – êtres, choses – tout au long de la journée.

Vous reconnaissez-vous dans tout cela ? Dans ce cas, où allez-vous lorsque vous êtes plongé dans le calme et le silence ?

Si vos pensées, vos sentiments et vos sensations ne sont pas vous, si vos rôles ne sont pas vous, si votre corps n'est pas vous – alors où se trouve ce Moi ?

Enraciné dans la vie

*« Pour pouvoir être illuminé par toute chose,
il faut enlever
Les barrières entre soi et les autres. »*

DOGEN, *Genjokoan*

Le sentiment d'être coupé de sa vie et des autres peut paraître accablant quand on est affecté d'une dépression. On a l'impression de vivre derrière un rideau. Parfois, ce rideau semble être fait d'un épais velours noir et, en d'autres occasions, de fer. Parfois encore, il laisse passer un peu de lumière. Mais il est toujours là, nous empêchant de vivre pleinement notre vie et d'établir un contact avec autrui.

Le Bouddha a évoqué ce sentiment de séparation. Il est en partie la conséquence de la création d'un Moi distinct, et du besoin de protéger ce Moi à tout prix. En réalité, on ne protège ainsi que l'*illusion* de ce Moi distinct.

Le Bouddha, à l'inverse de ce concept d'un Moi séparé, indépendant et autonome, enseignait que tous les phénomènes sont interconnectés et interdépendants. Thich Nhat Hanh, un maître zen contemporain, qualifie cette interdépendance d'« inter-être ». Comme il l'explique, d'innombrables éléments sont nécessaires pour que la page que vous êtes en train de lire puisse exister. La lumière du soleil, la pluie, la terre et l'air, qui permettent la croissance des arbres, ont joué un rôle indispensable. Ceux qui ont abattu les arbres, ceux qui ont traité le papier, fabriqué le livre et qui l'ont livré près de chez vous ont également joué un rôle dans la création de cette feuille de papier. Pensez à tous les individus et tous les éléments dont dépend la vie de ces gens, et vous pourrez commencer à comprendre pourquoi l'existence de cette page est liée à l'univers tout entier.

Une prière zen prononcée avant les repas résume ainsi la situation : « Un immense labeur est à l'origine de ce repas. Nous devrions être conscients de tous les efforts consentis pour que nous puissions en profiter. » Conscients, et non reconnaissants, car dès lors que l'on est conscient, la reconnaissance suit naturellement.

Lorsque l'on est déprimé, on oublie que tous les êtres sont interdépendants. Le sentiment de séparation s'amplifie. Si vous avez eu le sentiment de n'avoir jamais vraiment trouvé votre place dans la société (et la plupart des gens ont eu ce sentiment à certains moments de leur vie), alors ce sentiment peut réapparaître ou prendre une grande ampleur. Il faut savoir – cela peut être très utile – que ce sentiment de séparation trouve en réalité son origine dans une conception erronée de sa propre identité.

Notre objectif est d'établir une relation authentique et profonde avec tous les êtres et les choses. Pourtant, il n'est pas nécessaire de rechercher cette relation, étant donné qu'elle est d'ores et déjà présente, et pour toujours. Elle est en fait à notre disposition à tout moment parce que la vie n'est que relation : nous sommes en relation à chaque instant avec toutes les choses.

Chaque fois que vous vous sentez irrémédiablement séparé, souvenez-vous que votre existence est enracinée au cœur même de la vie. Il ne vous est pas plus facile de vous séparer de la vie qu'il n'est aisé de séparer des particules d'obsidienne d'un morceau de granit, ou les molécules d'oxygène de l'air qui vous entoure.

Exercices d'approfondissement

Assis tranquillement et confortablement, portez votre attention sur votre respiration. Sentez comme vous êtes centré et ancré dans la terre, comme celle-ci vous soutient, vous et votre vie. Portez votre attention sur cet endroit où vous êtes assis au centre d'un réseau infini qui relie tous les êtres les uns avec les autres.

Dans ce réseau, tous les êtres sont importants, tous sont nécessaires. Ces êtres soutiennent votre existence tout comme ils ont besoin de celle-ci pour exister.

Alors que vous expirez, n'oubliez pas que votre respiration nourrit les arbres et les végétaux, dont la propre respiration vous nourrit en retour.

Dans l'immensité de ce monde, chaque être est une partie de tous les autres et englobe tous les autres. Vous n'êtes pas séparé de ce monde. Vous vous en sentez coupé parce que vous avez oublié votre appartenance à cette famille, dont vous ne pouvez jamais être séparé.

Ce monde vous soutient, vous et votre existence, tout comme l'air permet à tout être et à toute chose d'exister.

Avec chaque respiration, rappelez-vous que vous êtes relié au vaste monde. Vous avez été enchâssé dans ce monde dès votre naissance, et vous demeurerez lié à tous les êtres jusqu'à votre dernier soupir.

Pas d'attente

*« Cela ne signifie pas que nous devrions nous
interdire de faire des projets pour le futur.
Cela signifie qu'il serait bon de ne pas espérer tel ou tel résultat. Il vaut beaucoup mieux
concentrer ses efforts pour être vraiment
présent plutôt que d'essayer à tout prix de
conformer le futur à ses désirs. »*
Steve HAGEN

« Ne vous attendez à rien. »
Peter MATTHIESSEN

Le déprimé passe le plus clair de son temps dans l'attente.
Il se jette sur toute chose susceptible de mettre un terme à sa
souffrance, et place tous ses espoirs en elle. Ou alors, renonçant à tout espoir, il accepte la sinistre perspective d'une
dépression incurable.

Pourtant, que l'on choisisse l'une ou l'autre de cette alternative, on reste prisonnier de ses attentes. Lorsqu'on s'attend
à un soulagement – ou à une souffrance accrue – on oublie la
situation dans laquelle on se trouve à l'instant présent, et l'on
renonce à le vivre. Pourtant, ce n'est que dans ce moment que
l'être humain peut faire l'expérience du bonheur, de sa
connexion au monde et de la guérison.

Les attentes nous empêchent de vivre le moment présent.
On espère que la dépression disparaîtra grâce à une thérapie,

à des changements alimentaires ou à la méditation. On espère que celle-ci entraînera des résultats positifs, peut-être même l'illumination. Quoi qu'il en soit, tout ceci concerne le futur. Quand on est trop attaché au futur, on ne fait plus attention à ce que l'on fait dans l'ici et maintenant, car on anticipe les résultats.

La méditation a ceci de particulier que l'on peut s'y adonner sans s'inquiéter de ce qu'elle nous apportera. On la pratique uniquement pour la pratiquer. Si l'on fait de la méditation ou quelque autre exercice spirituel dans le but d'obtenir un résultat, de s'améliorer d'une quelconque manière, alors on l'utilise comme un objet ordinaire. Dans ces conditions, on peut tout à fait la comparer à une voiture de luxe, à de beaux vêtements, à une relation enrichissante, bref, à toutes ces choses dont nous espérons qu'elles nous apporteront le bonheur dans un avenir plus ou moins proche.

Ne vaut-il pas mieux se souvenir que ce moment, tel qu'il est, recèle tout ce dont nous avons besoin ? Nous possédons en nous tout ce dont nous avons besoin en ce moment même. Il suffit juste d'être présent et de prendre soin de soi à l'instant présent.

Une formule populaire affirme : « Chaque jour, dans tous les domaines, je m'améliore. » Ce que cette formule sous-tend, toutefois, c'est que, en ce moment même, on est imparfait. Dans la méditation, peu à peu, on découvre que les choses sont d'ores et déjà parfaites. Dans un tel contexte, nous n'avons pas besoin de faire des efforts personnels. Nous pouvons aller vers le non-soi, la non-initiative.

Ne rien attendre implique également d'avoir un esprit ouvert, neuf. Cela implique de s'en remettre à cette qualité précieuse qu'est le doute, lequel suscite la curiosité et le questionnement. Cela implique de renoncer au désir de favoriser tel ou tel résultat, d'accorder une attention sincère et empreinte de compassion à nous-mêmes et à tous les êtres avec qui nous nous trouvons en ce moment même, et de laisser le futur au futur.

Ne rien attendre, c'est s'engager pleinement dans la vie humaine.

Lorsqu'on n'attend rien, on s'ouvre au mystère. On se prépare aux merveilles que chaque instant peut offrir.

Exercices d'approfondissement

Alors que vous êtes tranquillement assis, réfléchissez à la . manière dont vous envisagez la fin de cette méditation assise. Peut-être utilisez-vous un réveille-matin, ou bien êtes-vous assis aux côtés de quelqu'un qui agitera une clochette lorsque vous en aurez terminé.

Votre attention est-elle focalisée sur la fin de cette méditation ? Le fait de penser au retentissement de la clochette, à la fin de la séance, vous empêche-t-il de vous concentrer sur ce qui se passe à l'instant présent ?

Êtes-vous capable de laisser toutes ces pensées de côté pour vous concentrer sur chaque instant ?

Avant de vous asseoir tranquillement, examinez vos attentes concernant les quelques minutes suivantes. Êtes-vous sûr de pouvoir maintenir le calme intérieur que vous ressentez pendant ces quelques minutes ? Ou bien ressentez-vous une douleur au niveau du dos et avez-vous la certitude de passer un mauvais moment ?

Vos attentes se réalisent-elles ? Quelle influence ont-elles sur le déroulement des événements ?

Pouvez-vous reconnaître vos attentes, puis laisser les événements suivre leur cours, sans tenir compte de vos espérances ? Quelles impressions retirez-vous d'une méditation assise accomplie avec une telle ouverture d'esprit ?

Proche de la vérité

« La vérité vous affranchira. »

JÉSUS

Je me suis entretenu un jour avec mon maître zen, Katagiri Roshi, à propos d'un obstacle qui entravait ma pratique méditative. Je lui ai dit que je n'éprouvais aucune difficulté à suivre les enseignements bouddhistes, ou les siens, mais qu'il m'était difficile d'accepter de m'engager dans la *sangha* – la communauté de ceux qui pratiquent le bouddhisme zen – ainsi que la tradition bouddhiste le préconise fortement.

Katagiri écouta tout ce que j'avais à lui dire. Puis, il répondit : « Pourquoi te fais-tu tant de soucis à ce propos ? Pourquoi ne te contentes-tu pas de faire le vœu de rechercher la vérité, où qu'elle se trouve ? »

Je me suis senti soulagé, comme si l'on m'avait accordé entière liberté d'être moi-même. Ce n'est que plus tard que j'ai réalisé à quel point la tâche que l'on m'avait confiée était difficile.

Katagiri savait qu'à l'époque, j'apprenais également l'aïkido. En quelques phrases, il me décrivit les fondements de cette pratique, bien qu'apparemment il ne sût pas grand-chose de cette discipline : « Dans l'aïkido, ne t'efforces-tu pas de rester proche de ton adversaire, sachant que c'est l'endroit le plus sûr ? Il en est de même en ce qui concerne la recherche de la vérité. » Il se frotta longuement les mains et dit : « Lorsque l'on est proche de la vérité, là aussi c'est l'endroit le plus sûr. La vérité ne peut te blesser à cet endroit. »

Des années plus tôt, j'avais vécu une expérience intense lors d'une retraite méditative, au cours de laquelle j'avais approché certaines vérités. Mais l'expérience de la vérité m'avait effrayé et, par la suite, je fis tout ce que je pus, durant un temps, pour mettre le plus de distance possible entre elle et moi. Malheureusement, le problème à la fois effrayant et merveilleux, en ce qui concerne la vérité, c'est que l'on ne peut pas l'oublier une fois qu'on l'a côtoyée, et que l'on ne peut s'en éloigner non plus. On peut essayer de la distancer, mais elle vous poursuivra partout jusqu'à ce que vous l'acceptiez et, plus important encore, jusqu'à ce que vous agissiez en conformité avec elle, si c'est ce qu'elle vous demande.

Dans notre dépression, nous sommes parfois confrontés à des vérités effrayantes, à l'état brut. Et il peut être tentant, étant donné notre état, de chercher à s'en éloigner au plus vite. Pourtant, il suffirait de garder à l'esprit qu'une telle attitude ne ferait qu'augmenter notre souffrance.

Ne vous accablez pas de reproches si vous ne pouvez faire autrement que de fuir la vérité, mais souvenez-vous que le plus sûr est de s'en rapprocher le plus possible.

Exercices d'approfondissement

Il y a probablement un certain nombre de vérités que vous avez eu peur d'admettre au cours de votre vie. En vous fondant sur la simple curiosité, pensez à l'une de ces vérités. Peut-être détestez-vous votre travail et souhaitez-vous le quitter. Peut-être rêvez-vous de faire quelque chose que vous n'avez jamais osé faire et dont vous n'avez jamais parlé à personne. Peut-être souhaiteriez-vous être plus proche de votre enfant, d'un ami, de votre compagne ou compagnon.

Alors que vous pensez à cette vérité, notez et mettez de côté toutes les critiques et les reproches que vous pourriez vous adresser pour ne pas avoir fait face à cette vérité jusque-là. (Notez éventuellement comment ces pensées distraient votre attention et vous empêchent d'observer la situation.) Examinez votre crainte de devoir admettre cette vérité. Craignez-vous d'être obligé de conformer vos actes à cette vérité ? Celle-ci vous fait-elle souffrir ? Vous n'avez pas besoin de penser à ce que cette vérité exige de vous. Il suffit de l'observer et de l'admettre.

Concentrez-vous sur cette vérité comme si elle se trouvait devant vous. Laissez-la seulement être ce qu'elle est, sans crainte, sans critiques, sans colère.

Pensez à quelle situation renvoie cette vérité. Ne la repoussez pas et, en même temps, ne la fuyez pas. Contentez-vous de tenir bon et de lui faire face, calmement. Restez avec elle et établissez une relation amicale avec elle, pour mieux la connaître, en évitant de chercher à déterminer ce qu'il conviendrait de faire pour s'y conformer.

Réalisez maintenant que vous avez laissé cette vérité dans votre conscience et que vous pourrez la retrouver et lui faire face à nouveau, chaque fois que vous en éprouverez le besoin.

La gratitude

« Un homme rendit visite un jour à une femme renommée pour sa sagesse, afin de lui demander conseil. Voici ce qu'elle lui dit : "Quoi qu'il m'arrive, je dis toujours : Merci pour tout. Je n'ai pas à me plaindre de rien." L'homme s'en alla, mais revint quelque temps plus tard. "J'ai essayé de suivre votre conseil, mais je ne vois aucun changement, lui dit-il. – Merci pour tout. Je n'ai pas à me plaindre de rien", lui répondit-elle.
À ces mots, l'homme connut l'illumination. »

Histoire zen

« Si, durant votre vie tout entière, la seule prière que vous disiez était "Merci", cela serait suffisant. »

Maître ECKHART

Lorsque l'on est déprimé, il est très difficile d'éprouver de la reconnaissance. On ne ressent que souffrance et désespoir. Même ce don qu'est la vie semble être davantage une malédiction qu'une bénédiction.

Comment faire pour cultiver la gratitude dans notre cœur ? Est-ce une question de mots, de pensées, ou bien est-ce un état d'esprit ?

On peut s'efforcer d'éprouver de la gratitude, mais elle peut n'être que l'accomplissement d'une simple formalité, comme lorsque l'on était enfant. (Je me souviens de nombreux repas où je disais mon bénédicité uniquement pour pouvoir me jeter au plus vite sur mon assiette.) Et, lorsque nous traversons la vie dans l'insouciance, non seulement nous sommes dans l'incapacité d'apprécier ce qui nous est donné, mais nous faisons preuve en réalité d'irrespect vis-à-vis de tous ces cadeaux.

Le ralentissement du rythme de vie caractéristique de la dépression nous offre l'opportunité de vivre et d'exprimer un sentiment de gratitude plus profond. Certaines tâches peuvent se révéler beaucoup trop lourdes pour nous, mais nous pouvons être attentifs à de petites choses. Au lieu de traverser l'existence à toute vitesse, comme nous le ferions si nous n'étions pas déprimés, nous pouvons prendre le temps d'être attentifs à chaque petite action que nous accomplissons. Il se peut que nous soyons incapables de concocter un repas composé de sept plats, mais nous avons toujours la possibilité d'apprécier une boîte de haricots ou le sandwich que nous avons préparé. Nous pouvons manger lentement et goûter chaque morceau de la nourriture dont nous disposons.

Nous sommes habitués à considérer la gratitude uniquement en termes de réception. Ce faisant, nous ne voyons pas ce que nous avons déjà. La difficulté que nous avons, dans la dépression, à éprouver de la gratitude pour ce que l'on nous donne peut nous conduire à en éprouver pour les choses les plus fondamentales, ce que nous possédons déjà. Nous sommes déprimés, et nous souffrons, mais nous pouvons toujours prendre conscience de toutes ces petites merveilles qui constituent notre univers – le goût, la respiration, la marche, le fait d'être en vie.

On peut s'efforcer d'éprouver cet esprit de gratitude à tout moment. Il suffit pour cela de vivre pleinement ce qui nous est donné. Ainsi, nous considérons chaque instant comme une offrande, tout en faisant don, dans le même temps, de notre personne.

Exercices d'approfondissement

Cherchez un endroit tranquille. Pensez à tout ce qui suscite un sentiment de gratitude en vous. Ce merveilleux corps que vous habitez, qui vous donne la capacité de voir, d'entendre, de goûter, de toucher, de penser et de ressentir.

Prenez conscience de tous les êtres qui concourent à votre existence. Les membres de votre famille, vos amis, vos parents qui vous ont donné la vie. Toutes ces personnes qui ont produit les aliments que vous consommez, fabriqué les vêtements que vous portez et construit votre maison. En pensant à eux, faites entrer chacun d'eux dans votre cœur. Remerciez-les et saluez-les pour leur montrer que vous les appréciez, eux et leur vie.

Pensez à la Terre, à tous les êtres qui y vivent et à tout ce qu'ils accomplissent. Le sol sur lequel vous marchez, les végétaux ou les animaux qui assurent votre subsistance, les arbres qui purifient l'air que vous respirez. Le soleil qui réchauffe cette terre. Les nuages qui déversent la pluie. Les étoiles, dont la beauté illumine la nuit. Remerciez-les tous.

Dites un bénédicité avant de commencer votre repas. Vous pouvez ainsi remercier Dieu, la Terre, ou la nourriture. Ou encore, tout simplement, observer un moment de silence avant de vous jeter sur votre plat. En réalité, faites ce qui vous convient le mieux.

Faites une pause pour exprimer cette gratitude, cette attention, avant de commencer votre repas. Ensuite, mangez lentement, en conservant ce sentiment de gratitude tout au long du repas. Appréciez la saveur des mets, en ayant conscience que cela revient à exprimer continuellement votre gratitude.

Que ressentez-vous après avoir dit ce bénédicité ? Vous sentez-vous mal à l'aise ? Est-ce réconfortant ? Est-il plus facile de manger lentement et consciemment après avoir dit un bénédicité ?

L'attention

« *Zuigan Gen Osho s'interpellait ainsi lui-même chaque jour : "Maître !" et il se répondait : "Oui, monsieur !" Alors il disait : "Réveille-toi complètement !" et il se répondait : "Oui, monsieur !" »*

Mumonkan, cas n° 12

Il est stupéfiant de constater à quel point nous faisons peu attention à nos activités quotidiennes. Nous nous préparons le matin pour aller au travail, puis nous conduisons comme dans un brouillard. Parfois, au cours de la journée, il arrive que nous fassions soudainement une pause, comme si nous nous réveillions d'un profond sommeil, pour constater que nous avons poursuivi nos activités dans une inconscience quasi totale.

Nos réactions – surtout en ce qui concerne la souffrance – sont presque toujours automatiques. En de nombreuses circonstances, nous pourrions aussi bien dormir, quand on pense au peu d'attention que nous accordons à notre existence.

La dépression semble nous plonger dans un sommeil plus profond encore. Comme elle engourdit notre esprit, il nous est encore plus difficile de nous concentrer sur ce que nous faisons. En même temps, la souffrance de la dépression peut être si accablante que l'on ne s'en rend même pas compte. Nous consacrons toute notre énergie à combattre la souffrance, et ce combat approfondit encore davantage ce « sommeil éveillé ».

Pourtant, quelle que soit la profondeur de notre sommeil, il est possible de se réveiller. Chacun de nous peut se réveiller et rester éveillé grâce au processus simple qui consiste à cultiver son attention.

L'attention nous permet, d'une part, de sortir de notre rêve éveillé, et de l'autre de découvrir peu à peu ce qu'est véritablement notre vie. Elle nous permet d'éliminer tout ce que nous surajoutons à l'instant présent, pour le découvrir tel qu'il est.

La méditation est une pratique de l'attention. Lorsque l'on a appris à observer son esprit et son corps, on découvre les moyens que l'on utilise pour oublier d'être conscient, et l'on s'efforce sans cesse de revenir à l'expérience de l'instant présent. Ainsi, on renforce sa capacité à être présent, dans un premier temps pour la méditation, puis, plus tard, pour tout le reste de l'existence.

Dans la dépression, on peut avoir l'impression de traverser la vie comme un somnambule. D'ailleurs, le déprimé est souvent comparé à un somnambule. L'un des meilleurs antidotes contre ce somnambulisme consiste simplement à en être conscient, à lui accorder toute notre attention. De cette manière, nous pouvons empêcher la dépression de nous priver de l'expérience de notre vie.

Le mot *attention* signifie entre autres « se soucier de quelque chose ». Dans sa meilleure acception, cela peut signifier se soucier de sa vie et du monde environnant, comme on prendrait soin d'un petit enfant, en étant vraiment attentionné et présent à ses côtés. Dans sa plus faible acception, l'autre sens du mot *attention* peut signifier « action de fixer son esprit sur quelque chose », et c'est ce que l'on peut essayer de faire lorsqu'on passe à côté de sa vie : on peut essayer de s'engager peu à peu dans sa vie, plus profondément et avec davantage de compassion.

Exercices d'approfondissement

Shikantaza, une forme particulière de méditation sans but, sans aucune recherche, permet à l'esprit de retrouver son état naturel – ouvert, impassible et aussi spacieux que le grand ciel bleu.

Assis tranquillement, faites le calme en vous et concentrez-vous petit à petit sur votre respiration. Lorsque vous vous sentez suffisamment centré, essayez de pratiquer cette méditation sans but.

Ne cherchez pas à fixer votre attention sur un objet particulier. Efforcez-vous plutôt d'atteindre un état d'ouverture de votre conscience, afin que tout ce qui se passe en vous et à l'extérieur de vous soit autorisé à traverser comme un nuage le ciel ouvert de votre conscience. Laissez tout cela traverser votre corps et votre esprit. Observez vos sensations, vos pensées, votre respiration, vos émotions et les sons, mais ne vous concentrez sur aucune de ces manifestations.

Restez quelque temps dans cette attitude d'ouverture. Plongez-vous dans l'état de quiétude et d'attention caractéristique de celui qui écoute quelque chose d'infime, mais d'important.

Laissez-vous remplir, puis vider, de tout ce qui se passe en vous et hors de vous : laissez les images, les sons et les odeurs pénétrer en vous comme ils le feraient à travers une porte munie d'une moustiquaire en été.

S'asseoir

« *Pourquoi ne pas tout simplement s'asseoir et se taire ?* »

Dainin Katagiri Roshi

Dans la dépression, il y a apparemment une barrière entre nous-mêmes et notre vie. L'un des objectifs de la méditation étant d'abattre cette barrière, elle constitue donc une pratique très appropriée à notre état. La méditation est l'une des rares choses que l'on puisse pratiquer efficacement au milieu d'une dépression, parce que tout ce qu'elle exige, c'est que l'on s'asseye, que l'on reste calme et que l'on concentre son attention.

Quand on a le sentiment d'être incapable de réussir quoi que ce soit, et que la moindre activité donne l'impression d'accaparer tous ses efforts, la méditation devient merveilleuse parce qu'elle est à la fois rigoureuse et douce. Ce vaste ciel ouvert qu'est la méditation est assez grand pour intégrer la dépression. On n'a pas besoin de laisser de côté sa dépression pendant une méditation ; on peut tout à fait la pratiquer dans cet état.

Dans la méditation assise enseignée par Dogen, il n'y a pas de concepts de gain ou de perte, de progrès à accomplir, ou d'illumination à atteindre. On l'effectue simplement pour explorer au maximum l'instant présent.

On fait tous les efforts possibles – mais il s'agit d'une méditation, et non d'un parcours du combattant. La souffrance se manifeste, et nous faisons tout ce qui est en notre pouvoir pour qu'elle ne nous submerge pas ni ne nous pousse à abandonner la méditation. Toutefois, on ne recherche pas à tout prix la souffrance dans cette méditation assise, et si cette souffrance est trop aiguë, on peut faire une pause.

Il n'est pas nécessaire de méditer pendant un laps de temps prédéterminé. Faites ce que vous pouvez. Il n'existe pas de manière erronée de pratiquer cette méditation. Si vous êtes capable de focaliser votre attention sur votre respiration ne serait-ce que pendant une seconde ou deux, cela fera l'affaire pour vous. Évitez de vous faire des reproches ou de vous juger, car cela ne fait pas partie de cette méditation. (Ce genre d'attitudes peut être inhérent à votre dépression, mais la méditation peut contribuer à diminuer ce flot d'autocritiques.)

Tout ce que vous avez à faire, c'est de faire une pause, de vous asseoir et de concentrer votre attention avec tout votre cœur. Ne comparez pas ce moment avec la méditation que vous avez accomplie la veille, ou la semaine dernière, ou encore il y a à peine deux minutes. Ici et maintenant, contentez-vous de donner le meilleur de vous-même.

La méditation n'a rien de particulier ou d'exotique. Elle consiste simplement à ralentir son rythme afin de pouvoir écouter ce qui se passe en soi et à l'extérieur de soi. Elle consiste à fixer son attention sur son cœur et sur son esprit à chaque instant, tel qu'il se présente.

La méditation s'effectue avec l'esprit et le cœur, mais aussi avec le corps. Observez bien la position assise de votre corps. Gardez la colonne vertébrale bien droite. Et si rester assis vous est trop pénible, vous pouvez soit changer de position, soit mettre un terme à la méditation.

Lorsque je suis allé voir mon maître zen après ma première expérience de la méditation, j'avais toutes sortes de questions à l'esprit, sur la philosophie, sur toutes ces choses extraordinaires que j'avais lues sur cette pratique. Mais, ce jour-là, Katagiri Roshi n'avait aucune envie d'entendre ce genre de discours. Il voulait savoir si je respirais bien, si ma posture était ferme et équilibrée. Je lui ai dit que je ressentais une douleur au niveau des jambes et il m'a conseillé d'adopter la position du demi-lotus pour ma méditation assise, ne serait-ce que pour quelque temps. Il m'a suggéré au début d'essayer cette posture dans une baignoire.

Et ce fut tout. Pas de considérations philosophiques savantes, juste quelques questions sur mes genoux et ma respiration.

La manière idéale de pratiquer la méditation est de la pratiquer chaque jour. Quelque chose se passe lorsque l'on s'engage à méditer régulièrement, les bons comme les mauvais jours.

Tout d'abord, la pratique quotidienne nous permet de découvrir qu'en réalité, il n'existe pas de bonne ou de mauvaise méditation. On s'efforce simplement de faire de son mieux. Certains jours notre esprit est apaisé, notre corps n'éprouve aucune gêne et nous passons notre méditation dans un silence et une joie rafraîchissants. Parfois, ce n'est pas si facile. Mais nous n'en faisons pas moins l'effort de nous asseoir pour découvrir ce qui se passe en nous et à l'extérieur de nous ici et maintenant.

Nous pouvons aborder notre dépression pratiquement de la même manière. Chaque jour, bon ou mauvais, faisons de notre mieux. Étudions attentivement ce que nous ressentons. Faisons face à notre dépression pour la voir telle qu'elle est, à cet instant et à chaque instant.

Exercices d'approfondissement

Assis confortablement, sentez votre respiration abdominale et installez-vous dans votre méditation.

Imaginez que vous êtes un caillou dans un torrent rapide qui est emporté par le courant jusqu'à ce que vous soyez ancré de tout votre poids dans le fond sableux. Sentez la pression qu'exerce votre corps sur le coussin, sur vos jambes et vos genoux. Concentrez-vous sur votre respiration alors qu'elle s'installe dans votre corps et vous ancre au sol.

Si vous avez soudainement envie de vous lever, assimilez simplement cette envie à un courant qui vous soulève temporairement du fond du torrent. Ensuite, revenez rapidement vous fixer au fond.

Alors que vous remplissez vos poumons d'air, notez comment l'énergie de votre respiration vous tire vers le bas et vous ancre dans le sol. En expirant, notez comme vous vous sentez de plus en plus lourd et comment vous vous ancrez à nouveau.

Restez concentré sur votre ventre et sur votre position assise. Si vous avez envie de vous lever, pensez simplement à ce mot : « ancrage », et portez à nouveau votre attention sur votre ventre et votre position assise. Notez comment votre désir de rester ancré vous enracine.

Effectuez une promenade méditative en marchant très lentement, en focalisant votre attention sur le désir de vous ancrer et sur la sensation que cela procure. En inspirant et en levant le pied, sentez à nouveau cette énergie descendante qui vous ramène à la terre. En expirant et en reposant le pied, sentez la pression qu'exerce le poids de votre corps sur votre pied.

Avancez comme un caillou poussé au fond d'un torrent, trop lourd pour être soulevé. Notez à quel moment votre attention se détourne de cet ancrage. Si vos pensées s'égarent et que vous avez envie de vous élever, ressentez à nouveau l'énergie du mouvement descendant dans votre marche, et revenez doucement à l'ancrage.

Tout au long de la journée, au moins une fois toutes les quelques heures, dites-vous ceci : « Ancre-toi. » Notez dans quelles circonstances vous avez envie de sortir de vous-même. Efforcez-vous de vous installer dans votre vie et dans ce que vous êtes, et notez comment l'air descend dans votre ventre et vous ancre à la terre.

Les quatre chevaux

« Un bon cheval réagit à l'ombre du fouet. »
BOUDDHA

Le Bouddha raconta une histoire concernant quatre types de chevaux et la manière dont ceux-ci réagissaient aux méthodes de dressage de leur maître.

Le premier cheval réagissait à l'ombre du fouet ; le deuxième au son du fouet et le troisième à la sensation du fouet sur sa peau. Mais le quatrième cheval ne réagissait pas tant que la douleur du fouet ne l'avait pas atteint jusqu'à la moelle.

Le Bouddha établit une comparaison entre ces chevaux et la façon dont, nous – les personnes en quête de spirituel – réagissons à la guidance que nous recevons et à la souffrance qui nous affecte dans notre existence.

La plupart d'entre nous aimeraient ressembler au premier type de chevaux, ou à tout le moins au deuxième ou au troisième. Si on nous posait la question, nous aimerions pouvoir répondre que nous pouvons apprendre et réagir rapidement. Nous ne souhaitons pas apprendre dans la difficulté, ni faire des efforts jusqu'à l'épuisement pour être en mesure de changer.

Mais le fait est que la plupart d'entre nous se conduisent comme le quatrième cheval. Nous n'acceptons de changer que lorsque la douleur est si vive que nous ne pouvons la supporter plus longtemps.

Nous avons parfaitement conscience de cela en notre for intérieur et avons le sentiment qu'il y a là quelque chose d'erroné ou de honteux, que se conduire comme le quatrième cheval est un signe de lenteur ou de stupidité.

Mais cette histoire peut nous ouvrir quelques perspectives. Elle peut nous aider à mieux nous comprendre et à mieux nous accepter.

Rien ne nous oblige à penser que nous sommes stupides ou lents. Nous devrions plutôt nous dire : « Ah, si je suis comme le quatrième cheval, c'est parce que je ne suis qu'un être humain. »

En réalité, se comporter comme ce cheval peut être très utile. Étant donné que seule une vive souffrance peut nous pousser à changer, nous pouvons être sûrs que lorsque nous apprenons une leçon, nous l'apprenons en profondeur, et non de manière superficielle : nous l'avons intégrée, et lorsque nous aurons besoin de nous en souvenir plus tard, nous pourrons la mettre en pratique très efficacement.

Nous pouvons également considérer l'histoire des quatre chevaux comme une description du processus d'apprentissage. Nous pouvons apprendre à *éviter* d'avoir à souffrir jusqu'à la moelle et réagir plutôt dès que nous sentons le fouet sur la peau et les muscles.

Dans la dépression, nous pouvons ressentir la souffrance au plus profond de notre être, et finalement réagir à cette souffrance. Nous pouvons aussi nous trouver lents et stupides parce qu'il nous a fallu beaucoup de temps pour nous interroger sur les causes de notre souffrance.

Peu importe que nous ayons agi ainsi ou non. Ce qui compte, c'est que nous sommes ici et que nous comprenons notre souffrance maintenant. Vous ne seriez pas en train de lire ce livre si vous n'étiez pas décidé à mettre un terme à votre souffrance. C'est la preuve que vous pouvez apprendre et guérir.

En fait, il existe un cinquième cheval, qui refuse d'avancer quelle que soit la souffrance que lui inflige le fouet. Peu importe que votre évolution et votre guérison soient lentes ou rapides. L'essentiel c'est que vous continuiez à apprendre et à réagir.

Sans-abri

« *La Montagne Froide est une maison sans poutres ni murs. Les six portes, à droite et à gauche, sont ouvertes ; l'entrée est le ciel bleu.* »

Han SHAN

Une maison est un endroit sûr – un refuge au vrai sens du terme. James Hillman a dit que la maison et la famille deviennent des havres de paix et de confort dès que nous avons le moindre problème.

Mais la dépression peut nous donner l'impression d'être à la dérive, sans-abri dans ce monde. Ce sentiment peut être si aigu que l'on finit parfois littéralement par ne plus quitter sa maison.

Comme le dit un vieil air de blues, la maison se trouve dans la tête. Pourtant, dans la dépression, il s'avère impossible de trouver cette sensation d'enracinement et de sécurité en soi. C'est pourquoi on se cache dans sa chambre, les rideaux tirés, et que l'on essaye de laisser tous les périls du monde extérieur derrière la porte fermée à clé.

S'il s'avère impossible de retrouver son foyer, on peut rechercher de l'aide auprès de ceux qui ont choisi de ne pas avoir de maison. Depuis l'époque du Bouddha, de nombreux moines ont abandonné leurs foyers, leurs familles et leurs biens pour pratiquer le bouddhisme. (« Celui qui quitte son foyer » est un terme qui désigne un moine bouddhiste.) Au début, il n'existait pas de grands monastères. Les moines vivaient dans la forêt et survivaient de ce que les gens leur donnaient durant leurs tournées quotidiennes de mendicité. Que pouvons-nous apprendre de ces gens ?

Ceci : en un sens, nous sommes tous des sans-abri. Ce que nous appelons « maison » est quelque chose de fragile et de temporaire. Même cette planète est un lieu où l'on ne reste que pour un temps très bref.

Ceux qui choisissent de suivre les pas du Bouddha font traditionnellement trois vœux, qui impliquent de « se réfugier » dans Bouddha (le maître), dans la vérité (le *dharma* en sanskrit), et dans la communauté bouddhiste (la *sangha*). Mon maître, Katagiri Roshi, affirmait que dès que l'on fait ces vœux, on devient un réfugié. Il ne s'agissait pas simplement d'un bon mot. Quand on se jette dans la vie spirituelle (dans le « monde de Bouddha », selon son expression), on le fait sans aucune garantie, sans attente, sans aucune promesse de récompense ou de découverte durable. On se place soi-même dans le monde de l'impermanence. Dès lors que l'on a emprunté cette voie, il est difficile de revenir à de vieilles façons de penser et à son ancien mode de vie.

Le bouddhisme a évolué au fil des siècles. Peu à peu, les moines se sont mis à produire eux-mêmes leur nourriture, puis à construire de grands monastères pour y vivre. Toutefois, le désir d'être sans toit continue de caractériser la vie du moine parce que ce genre d'existence est porteur d'un enseignement précieux.

La dépression nous donne l'opportunité de mieux comprendre l'intérêt qu'il y a à quitter son foyer, à ne pas avoir de maison. Ainsi, on peut plus facilement mettre en question son mode de vie.

La méditation est pourtant elle-même une sorte de maison. C'est un endroit où l'on peut revenir à de nombreuses reprises, où l'on peut s'installer avec ses peurs, son chagrin et sa tristesse. La méditation peut nous faire découvrir cette vérité : nous n'avons pas vraiment de foyer.

Avec la méditation, nous avons franchi l'ultime étape, assis, nus au milieu de ce monde. Ainsi, le monde entier deviendra notre foyer.

Exercices d'approfondissement

Assis tranquillement, observez votre respiration. Sentez le poids de votre corps sur votre coussin. Découvrez les frontières de ce corps qui est votre maison. Installez-vous complètement dans votre corps et dites-vous : « C'est ma maison. »

Prenez conscience de la pièce où vous êtes assis, en train de respirer tranquillement. En expirant, laissez sortir votre conscience dans cet espace délimité par les murs, le sol et le plafond. Prenez conscience du toit au-dessus de votre tête, un toit qui fait partie intégrante du bâtiment que ces murs soutiennent. En inspirant, dites-vous : « C'est ma maison. »

Sentez le sol qui soutient ce bâtiment. La terre qui s'étend à perte de vue devant vous, vous attire vers le bas, vous soutient tout comme elle soutient ce bâtiment. En expirant, laissez votre conscience descendre dans cette terre devant vous. En inspirant, dites-vous : « C'est ma maison. »

Maintenant, voyez le ciel au-dessus de vous. Ce ciel bleu où les oiseaux volent, où la brise souffle, d'où provient l'air que vous respirez. Laissez votre conscience sortir de vous en même temps que l'air de vos poumons dans ce ciel bleu. En inspirant, dites-vous : « C'est ma maison. »

En expirant, découvrez le vaste espace qui s'étend au-delà de ce ciel bleu, là où le soleil et la lune brillent. Laissez partir votre conscience dans cette immensité, vers les étoiles, les galaxies et les univers au-delà des univers. En inspirant, prenez conscience que vous habitez dans cette immensité et dites-vous : « C'est ma maison. »

Détendez-vous dans ce vaste univers, en inspirant et en expirant. Laissez flotter votre conscience et, en inspirant, dites-vous : « C'est ma maison. »

Maintenant, continuez à laisser votre conscience s'échapper et flotter, et voyez comme cette immensité revient en vous, dans ce sol sur lequel vous êtes assis, dans ce ciel bleu au-dessus de vous, dans ce toit et dans ce coussin. En inspirant, sentez comme votre ventre se gonfle et dites-vous : « C'est ma maison. »

L'essence thérapeutique de la nature

« La médecine et la maladie se soignent l'une l'autre. La terre tout entière est une médecine. Où vous situez-vous ? »

Ummon, maître zen

« La nature est un temple où de vivants piliers
Laissent parfois sortir de confuses paroles ;
L'homme y passe à travers des forêts de symboles
Qui l'observent avec des regards familiers. »

Charles BAUDELAIRE

La dépression se traduit par un cœur brisé. L'agent de cette destruction est l'univers du Soi, les relations et les devoirs – les inéluctables réalités de la condition humaine. En tant qu'êtres humains, il nous faut accepter que notre cœur soit brisé à de nombreuses reprises.

Mais il faut aussi que nous trouvions un espace où il puisse être guéri, là encore à de nombreuses reprises. Nous avons besoin d'un espace où nous pouvons nous régénérer pour être en mesure de retourner dans le monde pour agir avec un esprit empreint de compassion.

Nous traverserons des périodes où, à nouveau, nous désirerons fermer notre cœur, mais, dès lors qu'il s'ouvre, il désire ardemment le rester pour toujours. Il ne peut se refermer qu'à la suite de comportements extrêmes, tels que l'abrutissement de soi par le biais de médicaments, de l'obsession du travail ou de conduites sexuelles compulsives.

Dans ces conditions, où pouvons-nous trouver cette thérapeutique qui nous permettrait de rester vulnérables et ouverts, de laisser notre cœur se briser à de nombreuses reprises ? La méditation et son silence sont une possibilité, mais il en existe au moins une autre. Lorsque le monde extérieur a brisé notre cœur, c'est la terre qui peut alors le guérir.

La littérature zen est riche de références à la terre et à la nature, souvent sous l'aspect d'agents favorisant la réalisation de soi et l'apprentissage. (Lorsqu'on lui demanda qui avait assisté à son grand Éveil, le Bouddha baissa le bras pour toucher la terre.) La plupart des grands enseignements religieux du monde manifestent une semblable révérence envers la terre. Les enseignements de Jésus, par exemple, montrent une tendresse envers la terre, les végétaux et les fleurs. Quand Jésus eut besoin d'une médecine et d'un enseignement, il partit seul dans le désert. Et lorsque saint François demanda à un arbre de lui parler de Dieu, cet arbre se couvrit de fleurs au milieu de l'hiver.

Le déprimé peut se sentir tellement seul qu'il lui est souvent impossible de quitter sa chambre, sans parler de sa maison. Pourtant, dans des lieux paisibles, à l'extérieur, il est possible de trouver acceptation, amour et guérison. Les oiseaux se fichent pas mal de notre dépression, et ils ne nous jugent pas. Si nous restons silencieux et tranquilles, ils viendront se poser près de nous pour nous chanter l'espoir et la beauté, deux choses que nous désespérons de trouver dans notre vie. La terre nous soutiendra et un arbre nous abritera. Comme le Bouddha l'a dit, la pluie tombe sur chacun sans exception et n'établit aucune discrimination entre celui qui a connu l'Éveil et celui qui ne l'a pas connu. Le soleil, lui non plus, ne fait aucune différence entre la dépression et le bonheur.

Sortir ainsi dans le monde extérieur peut également nous aider à nous dépasser et à dépasser notre souffrance, par exemple en commençant à découvrir et à ressentir l'absolue perfection de tous les phénomènes, tels qu'ils sont. Si l'on sait calmer son esprit, on peut même trouver les réponses dont on a besoin.

Au point culminant de ma dépression, je suis allé passer quelque temps sur les rives du lac Supérieur. Je suis monté au sommet d'une petite montagne qui le surplombe. J'ai découvert un affleurement rocheux et je me suis assis là pour méditer, pour prier en silence. Ma prière n'avait pas vraiment de but précis, mais je savais que j'avais besoin de quelque chose. J'étais fermement décidé à rester assis jusqu'à ce que j'obtienne une réponse.

C'était la fin octobre et il faisait très froid. Après environ une heure, le froid de la pierre sur laquelle j'étais assis commença à me pénétrer, puis il se mit à neiger. J'attendis encore quelques minutes, et je me dis que la réponse que j'attendais ne viendrait pas.

Je renonçai à attendre et m'apprêtais à me lever quand soudain, j'ai senti un mouvement d'air. Deux aigles balbuzards passèrent juste à un mètre au-dessus de ma tête, si près que je pus entendre le bruissement de leurs plumes quand ils franchirent la crête pour s'abattre vers le grand lac.

Jésus a dit : « Demandez, et l'on vous donnera ; cherchez, et vous trouverez. » L'essence thérapeutique de la nature peut offrir la réponse même si l'on a renoncé à la chercher.

Pour moi, la réponse ce jour-là fut la suivante : *arrête de poser sans cesse des questions, de chercher. Renonce et reste tranquille, et tu découvriras les miracles qui se déroulent autour de toi.*

Exercices d'approfondissement

Sortez de votre maison. Que ce soit dans votre jardin, sur le toit de votre immeuble en plein centre ville, ou dans le plus profond des déserts, efforcez-vous d'observer la vie qui vous entoure. Écoutez les sons, qu'il s'agisse du roucoulement des pigeons en ville ou du cri du faucon dans le désert.

N'étouffez pas ces bruits, ces émotions et ces sensations. Laissez-les s'exprimer comme s'il s'agissait d'une merveilleuse chanson à laquelle tout le monde peut participer.

Si cela vous est possible, et s'il y a suffisamment d'intimité, essayez de pratiquer une méditation assise dans cet endroit. Ne considérez pas les bruits et l'activité environnante comme des désagréments. Laissez-les au contraire être les objets de votre attention ; laissez-les s'écouler en vous, à l'intérieur et à l'extérieur de cette maison qu'est votre Moi.

Lorsque vous en aurez fini, saluez-les et remerciez-les pour leur musique.

La valeur de l'inutilité

« Hui Tzu dit à Chuang Tzu : "J'ai un grand arbre appelé ailante. Son tronc est trop noueux et bosselé pour que l'on puisse lui appliquer une ligne de mesurage, ses branches sont trop courbées et tordues pour que l'on puisse se servir d'un compas ou d'une équerre. Vous pourriez le placer au bord de la route sans qu'aucun charpentier n'y prête attention. Vos paroles, elles aussi, sont grandes et inutiles, et c'est pourquoi tout le monde les rejette avec mépris." Chuang Tzu répondit : "Peut-être n'avez-vous jamais vu de chat sauvage ou de belette. Ils rampent et se cachent, à l'affût d'une proie. Ils sautent et courent vers l'est ou vers l'ouest, n'hésitant pas à monter très haut ou à descendre – jusqu'à ce qu'ils tombent dans un piège et meurent prisonniers du filet. Maintenant, vous avez ce grand arbre et vous êtes désespéré parce qu'il est inutile. Pourquoi ne le plantez-vous pas dans le village de Pas-Même-Rien, ou dans le champ de Large-et-sans-Limites ? Ensuite vous vous détendrez en ne faisant rien à ses côtés, ou bien vous vous étendrez sous lui pour profiter du sommeil du juste. Les haches ne raccourci-ront jamais sa vie, et rien ne pourra jamais

lui porter tort. S'il est inutile, comment pourriez-vous en concevoir de la peine ou du chagrin ?" »

Chuang Tzu,
L'Errance libre et aisée

« La méditation et les pratiques spirituelles sont inutiles. »

Dainin Katagiri Roshi

Le déprimé a souvent l'impression d'être inutile. Il se sent abattu et usé, comme un vieux lambeau de tissu qui ne peut même plus servir de chiffon.

Il est très rare qu'un être humain agisse sans raison. Aussi, le sentiment d'inutilité qu'éprouve le déprimé l'atteint au plus profond de son humanité.

Autrefois, on faisait appel aux services d'un chiffonnier pour ramasser les vieux chiffons. Je n'avais jamais compris quelle pouvait être l'utilité du chiffonnier jusqu'à ce que je suive un cours sur la fabrication du papier. Je découvris bien vite que ces vieux morceaux de vêtements sales et déchirés avaient encore une utilité.

Dans un premier temps, cependant, il fallait que ces chiffons subissent une transformation, qu'ils soient réduits à l'état de pâte. On les coupait en lambeaux, puis on les broyait et les mélangeait avec de l'eau jusqu'à ce qu'ils aient presque l'aspect d'une boue. Ce n'est qu'alors que le miracle se produisait. Entre les mains d'un maître artisan, ces chiffons devenaient de magnifiques feuilles de papier, fragiles, légères et propres.

Ce papier conservait une certaine solidité, mais on pouvait maintenant le tordre plus facilement. S'il n'était pas aussi solide qu'un chiffon, il laissait passer la lumière ; en fait, certains papiers brillaient d'une lueur qui semblait provenir de l'intérieur.

Ces chiffons, que l'on considérait jusque-là comme totalement inutiles, étaient désormais précieux. Ils pouvaient transmettre les pensées, la poésie et les récits d'une société.

Ce que nous estimons inutile est souvent très utile d'une manière qu'il nous est impossible d'imaginer. Et, trop souvent, nous confondons l'utilité avec la valeur.

L'inutilité peut receler une grande valeur. En réalité, les maîtres bouddhistes nous recommandent souvent de pratiquer la méditation sans rien en attendre. Il faut la pratiquer simplement pour la pratiquer.

Plongés dans notre sentiment d'inutilité et de désespoir, accomplir quelque chose d'inutile peut en effet être une source de soulagement. Dans la méditation, on peut renoncer pour un temps à la nécessité de faire ou de devenir quelque chose, pour être, simplement.

Les concepts de valeur, d'utilité et d'inutilité ne sont que cela, des concepts que les êtres humains attachent aux choses de notre monde. Il existe un monde plus vaste que l'on peut commencer à découvrir, un monde qui se situe au-delà des notions d'utilité et d'inutilité.

Exercices d'approfondissement

Efforcez-vous d'en finir avec le concept d'utilité. Il fut un temps où vous avez peut-être désiré ne rien faire, mais vous avez alors repoussé cette idée. Maintenant, acceptez-la. Durant toute une journée, ne faites rien ou ne faites que ce que vous désirez : lancer un cerf-volant, regarder trois fois le même film, ou observer toute la journée les nuages qui passent, allongé par terre.

Vous sentez-vous coupable ? Complaisant envers vous-même ? Craignez-vous de perdre votre temps, ou bien de trop aimer cela ?

Pouvez-vous prendre plaisir à toutes ces activités inutiles, à être, tout simplement ? Pouvez-vous même renoncer à penser que c'est une bonne chose pour vous et vous autoriser simplement à le faire ?

Un dicton populaire affirme qu'il faudrait « commettre des actes de gentillesse au hasard ». Pour un jour seulement, « commettez » des actes au hasard. Y a-t-il des choses qui vous paraissent insensées et que vous aimeriez soudain accomplir ? Que se passe-t-il quand vous les accomplissez ? Est-ce difficile de faire quelque chose sans rien en attendre ?

L'effort

« *On devrait pratiquer la méditation avec l'empressement de celui qui essaye d'éteindre le feu qui dévore ses cheveux.* »

DOGEN

Lorsque nous sommes déprimés, le simple fait de nous lever et de traverser notre chambre prend souvent l'aspect d'une tâche insurmontable. Essayer de mieux comprendre notre perpétuel affairement, la valeur de l'inactivité, nous semble nécessiter un effort.

Il suffit généralement d'entendre le mot *effort* pour l'assimiler à une dépense d'énergie, à un travail. La dépression étant associée à un épuisement physique, le seul fait d'entendre le mot *effort* peut accroître l'impression de fatigue.

Mais l'effort que le déprimé doit fournir n'est pas, fondamentalement, un effort physique. Il s'agit plutôt d'un engagement, davantage d'un travail du cœur que du corps.

Dogen a dit que c'est à travers la pratique de la méditation que l'on manifeste son éveil. De fait, cette pratique *est* en elle-même un éveil. L'effort qu'implique la méditation est différent de celui que l'on assimile généralement au mot *effort*. Il ne consiste pas nécessairement à s'efforcer d'atteindre un but. Il consiste plutôt à s'efforcer d'être présent, à montrer que l'on existe et à apprendre à apprécier sa vie.

Nos habitudes et notre conditionnement sont profondément ancrés en nous. Il nous faut faire un effort pour les percevoir lorsqu'ils se manifestent et pour les empêcher de nous gouverner. Être présent au milieu de la souffrance et du doute caractéristiques de la dépression demande également des efforts. Aujourd'hui comme demain, nous continuerons à subir des épreuves. La tentation est grande de transformer ces épreuves en souffrance en essayant de les éviter, ce qui ne fera que les rendre plus dures encore.

Affronter courageusement sa souffrance exige des efforts. Faire ce que le moment exige de nous aussi. Et, par moments, le simple fait d'accepter sa dépression exige de gros efforts.

Si la notion d'effort nous plonge dans la confusion, c'est parce que nous confondons avec notre propre résistance. L'effort qui est exigé de nous n'a rien à voir avec celui qui consiste à sortir une voiture d'un fossé. Il s'agit simplement de la volonté d'être présent, d'être attentif et de faire preuve de compassion. C'est faire les choses avec tout son cœur.

Dans la dépression, comme dans la méditation, la somnolence est un problème au moins aussi important que la souffrance. Ce fut certainement un problème pour moi. Durant un certain temps, j'ai pensé que faire des efforts en méditation consistait à résister à la somnolence. Avec cette vision des choses, je n'avais que deux solutions pour tenter de résoudre ce problème. Parfois, je faisais tout mon possible pour essayer de rester éveillé. Mais, ce faisant, je m'endormais invariablement, parfois à la limite du vacillement. L'autre solution consistait à céder au sommeil. J'adoptais une position équilibrée sur mon coussin, et je m'endormais pendant environ quarante minutes, jusqu'à ce que la cloche qui marque la fin de la méditation se mette à sonner. Avec l'une ou l'autre de ces deux méthodes, il m'était impossible de méditer bien longtemps.

Au cours d'une longue retraite méditative, j'eus de sérieux problèmes de somnolence et, comme à l'habitude, mes deux procédés ne furent pas très efficaces. Finalement, je réalisai que, plutôt que de lutter contre la somnolence ou d'y céder, il existait une troisième possibilité : je pris simplement la décision de l'observer. Très vite, j'obtins des résultats stupéfiants : je ne tombais plus vers l'avant comme un conducteur au milieu de la nuit. Je ne sombrais plus dans un sommeil léger sur mon coussin. Au lieu de cela, je me sentais plus alerte que d'habitude, même quand je ne me sentais pas du tout somnolent. La somnolence n'avait pas disparu. Elle était toujours là, mais quand je cessai de lui résister, elle ne constituait plus un problème. Elle n'était plus qu'une des choses auxquelles j'accordais mon attention.

Pendant longtemps, j'ai commis à peu près la même erreur en ce qui concerne ma dépression. Finalement, je me suis aperçu que la solution était la même : cesser de la combattre et cesser de s'y abandonner consciemment pour simplement l'observer dans toutes ses manifestations.

Nous aggravons notre dépression en nous efforçant de la repousser ou de la contrôler. Si à l'inverse, nous nous efforcions d'en prendre simplement conscience, de l'observer, plutôt que de la combattre ou de s'y abandonner, nous aurons beaucoup plus de chances de trouver la paix, l'énergie et le bonheur qu'elle occulte.

Le travail

« À l'âge de quatre-vingts ans, Hyakujo tra-
vaillait toujours dans son temple, s'occupant
des jardins, nettoyant les sols et taillant les
arbres. Les moines se désolaient de voir le
vieux maître travailler si durement, mais ils
savaient qu'il ne suivrait pas leurs conseils,
qu'il ne s'arrêterait pas de travailler, aussi
décidèrent-ils de cacher ses outils. Ce jour-
là, le maître ne mangea pas, pas plus que le
jour suivant. Finalement, les moines lui ren-
dirent ses outils. Ce jour-là, Hyakujo travailla
et mangea, tout comme il le faisait aupara-
vant. Lors de sa causerie du soir, il leur dit
ceci : "Pas de travail, pas de repas." »

Histoire zen

« Un moine dit à Joshu : "Je viens juste
d'arriver dans ce monastère. Puis-je recevoir
votre enseignement ? – Avez-vous mangé
votre gruau de riz ? demanda Joshu. – Oui,
répondit le moine. – Alors vous feriez mieux
de laver votre bol", dit Joshu. Ainsi, le moine
apprit quelque chose. »

MUMONKAN, cas n° 7

La dépression se caractérise par la lenteur, l'inactivité, par
une incapacité à prendre des décisions. Cet aspect de la

dépression peut être très instructif, mais il y a des circonstances où l'on doit néanmoins agir.

En effet, l'activité est un facteur important dans la guérison de la dépression. On a démontré que l'exercice physique a des effets positifs. En outre, le fait d'accomplir quelque chose, d'être utile, peut grandement nous aider à surmonter notre sentiment d'inutilité. Enfin, il est évident que même si on peut apprendre beaucoup du silence, de la tranquillité et de l'introspection, il n'en demeure pas moins qu'il faut agir pour subvenir à ses besoins. Les repas doivent être préparés, la maison nettoyée, il faut prendre soin des enfants, et laver les vêtements.

On considère souvent la méditation et la pratique du zen en termes de silence, de passivité, d'inactivité – toutes choses caractéristiques de la dépression. Pourtant, dans la méditation, arrive le moment où il faut se lever pour faire quelque chose. Même lors d'une retraite méditative zen intensive, la méditation est entrecoupée d'activités – préparation des repas, vaisselle, et entretien des bâtiments et des jardins.

Dans les monastères zen traditionnels, le travail de chef cuisinier était confié à un moine expérimenté, et cette tâche constituait un aspect important de sa pratique spirituelle. Plus que toute autre, celle-ci exigeait un dur labeur. En outre, elle ne laissait que peu de temps pour méditer. On peut voir ainsi les deux aspects importants du zen : d'une part, les activités et le travail, et de l'autre, le silence et le calme.

Au lieu de considérer le travail uniquement comme une nécessité désagréable, nous pouvons, à l'instar des moines zen, le considérer comme un aspect de notre pratique et de notre cheminement spirituels. Nous pouvons demeurer attentifs et conscients tout en accomplissant nos activités quotidiennes.

On peut aussi considérer le travail dans le cadre du processus de guérison, et lui accorder autant d'importance que tout ce que l'on fait d'autre dans ce dessein. Faire la vaisselle, laver la voiture, ou se rendre à son travail peut être tout aussi utile que tout le reste. Ce ne doit pas être nécessairement une grande réalisation. Le seul fait d'accomplir quelque effort pour se lever le matin pour mener une activité quelconque fera avancer les choses et nous rapprochera de la guérison.

Nous pouvons trouver l'équilibre entre l'inactivité et l'activité. Nous pouvons être pleinement présents dans le monde avec conscience et compassion – non seulement dans le royaume (relativement) facile du silence et du calme, mais aussi dans le monde bruyant et agité de la vie humaine.

Exercices d'approfondissement

Portez votre attention sur une tâche quelconque que vous devez accomplir. Au lieu de vous précipiter pour en finir au plus vite, accordez-lui la même concentration que vous accordez à la respiration durant vos méditations.

Accomplissez votre travail lentement, afin de le mener à bien en étant pleinement attentif. Concentrez-vous sur les sensations et l'expérience associées à cette tâche, et non sur son achèvement. Votre objectif est l'attention, et non l'accomplissement de cette tâche.

Si vous êtes en train de balayer le parquet, notez la sensation que vous procure le balai que vous tenez dans vos mains, le bruit qu'il fait sur le parquet, les tourbillons de poussières qu'il provoque dans son sillage. Si vous faites la vaisselle, observez l'eau savonneuse dans les assiettes, la chaleur de l'eau, l'air dans votre abdomen, le poids de votre corps sur la plante de vos pieds.

Quand votre tâche est achevée, ne vous précipitez pas sur la suivante. Étudiez plutôt votre respiration. Prenez le temps d'apprécier la pause entre vos tâches, comme le silence entre les notes d'un morceau de musique.

L'esprit parental

« Les parents, aussi difficiles que soient les circonstances de leur vie – pauvreté, etc. – aiment et élèvent leur enfant de tout leur cœur. Est-il un amour plus profond que celui-ci ? Seuls des parents peuvent le comprendre. Les parents protègent leurs enfants du froid et du soleil brûlant, sans tenir compte de leur propre bien-être. Seule une personne dont l'esprit s'est élevé peut comprendre cela, et seul celui chez qui cette attitude est devenue une seconde nature peut pleinement en prendre conscience. Voilà ce qu'est, fondamentalement, le comportement d'un père ou d'une mère. De la même manière, lorsque vous portez de l'eau, préparez du riz ou n'importe quoi d'autre, vous devez avoir le souci empreint d'affection et de compassion d'un parent qui élève son enfant. »

Dogen, *Instructions au cuisinier*

Ces dernières années, on a beaucoup évoqué l'enfant intérieur et la manière de le trouver. Dans la dépression, il n'y a aucune difficulté à trouver cet enfant en soi. En fait, sous de nombreux aspects, la dépression est un retour au comportement de l'enfant. On se trouve dans l'incapacité de prendre soin de soi. On refuse de s'alimenter correctement, de se coucher tôt, on désire manger des glaces le matin. On refuse d'accepter les responsabilités de l'âge adulte. On a peur de sortir tout seul dans le monde extérieur. Si l'on a des enfants, on a du mal à se conduire envers eux (ou envers soi-même) comme un père ou une mère.

Nous avons besoin d'un parent pour nous guider à travers la dépression. Nous avons besoin de trouver notre propre adulte intérieur – ce que nous pourrions appeler notre propre « esprit parental ».

Quelles sont les qualités de l'esprit parental ?

Les parents sont patients et considèrent les progrès dans leurs plus petites manifestations. Les parents pratiquent l'acceptation et l'amour inconditionnels. Ils cultivent de leur mieux la sérénité et, s'il leur arrive de se mettre en colère ou d'être déçus, cela ne dure jamais très longtemps et ne met personne en danger : leur colère disparaît bien vite et elle a surtout pour but d'enseigner et d'apprendre.

Les parents sont vigilants et attentifs. Ils sont toujours prêts à s'effacer pour leur enfant. Ils ont en permanence conscience de l'impermanence. (Et s'ils ne l'ont pas, leur enfant le leur rappellera bien vite.) Les parents constatent qu'ils ne peuvent maîtriser le cours des choses, mais qu'ils peuvent seulement tenter d'améliorer leur situation du mieux qu'ils peuvent.

Les parents s'expriment doucement et calmement, même lorsqu'ils sont en colère. Ils savent reconnaître leurs erreurs et recherchent toujours la réconciliation. Ils ont conscience des limites de leur pouvoir.

Les parents cultivent la joie de vivre à travers des plaisirs simples et passagers, ou sont tout simplement heureux parce qu'une autre personne est présente.

Les parents savent qu'ils doivent parfois assumer un rôle qui les dépasse (ou dont ils pensent qu'il les dépasse). Ils sont toujours prêts à tirer les enseignements de n'importe quelle situation ou à apprendre de toute personne, même d'une personne qui a beaucoup moins d'expérience.

Les parents ont compris que les conséquences d'une action ne sont pas toujours immédiatement visibles, et certainement pas prévisibles. C'est pourquoi ils font appel à leur intuition. Mais l'art même d'être parent est fondé sur la foi – aussi bien la foi en l'ici et maintenant que la foi en un futur, quel qu'il soit.

L'adoption de cet état d'esprit, lors d'une dépression, peut se révéler très utile, tant pour nous-mêmes que pour les gens que nous rencontrons. Grâce à lui, nous pouvons mieux prendre soin de nous-mêmes et mieux nous comprendre. En conséquence, nous pouvons nous comporter avec une conscience et une compassion plus grandes vis-à-vis de toutes les personnes avec qui nous entrons en contact.

Les maîtres bouddhistes utilisent souvent le terme « esprit du singe » pour décrire l'agitation constante de nos pensées. Ce terme me fait penser au livre pour enfant, *George, le singe curieux*, que je lisais à mon fils. George est semblable à un tout-petit qui commence à marcher, sautant d'une expérience à une autre, sans cesse à la recherche d'excitation et de nouvelles expériences. Il ne pense pas aux conséquences de ses actions.

Nous sommes tous un petit peu semblables à George le Curieux, mais nous sommes particulièrement prédisposés à « l'esprit du singe » lorsque nous sommes sous l'emprise de la dépression. En outre, tout comme George le Curieux le découvre à la fin de chaque histoire, nous avons besoin d'une main ferme et tendre à la fois qui nous redresse, nous maintient sur les rails et assure notre sécurité et notre tranquillité.

Nous pouvons trouver cette aide en nous-mêmes en découvrant notre propre esprit parental.

Exercices d'approfondissement

Tout au long d'une journée, traitez-vous comme vous traiteriez un petit enfant dont vous auriez la charge. Si vous faites des erreurs, ou si vous êtes sujet à la confusion, à la colère ou à l'inquiétude, pensez à ce que vous feriez si cet enfant était sujet aux mêmes tourments. Ensuite, adoptez la même attitude envers vous-même.

Accableriez-vous un petit enfant de réprimandes ou de hurlements, le couvririez-vous de honte ? Ou bien lui parleriez-vous doucement, et agiriez envers lui avec gentillesse, patience et compréhension ? Si l'enfant fait une erreur, diriez-vous qu'il est stupide et bon à rien, ou bien que les erreurs sont là pour que l'on en tire des enseignements ?

Considérez de la même manière vos besoins physiques. Laisseriez-vous un enfant dormir insuffisamment, ou le laisseriez-vous ne manger que du sucre, ou encore le priveriez-vous de jeu ou de détente ? Pourriez-vous, dans une certaine mesure, vous traiter vous-même avec le même respect et la même tendresse que celle dont vous feriez preuve avec cet enfant ?

Il est également nécessaire de fixer des limites pour un petit enfant – lui interdire de se mettre en colère, ou de blesser autrui, ou de se montrer irrespectueux envers vous ou envers quelqu'un d'autre. Comportez-vous de la même manière envers vous-même.

Pouvez-vous être tendre avec vous-même, et en même temps espérer tenir vos promesses ?

Bouddha a dit que chacun de nous devrait traiter autrui comme s'il était tout à la fois notre mère et notre enfant. (Et si vous croyez à la réincarnation, ils ont pu l'être autrefois.)

Comment envisagez-vous une telle façon de traiter autrui ? Pouvez-vous faire preuve de compréhension vis-à-vis de personnes au caractère difficile, tout en fixant toujours des limites et en étant capable de dire non ? Pouvez-vous traiter les gens que vous aimez avec le respect et la gratitude que vous manifesteriez à quelqu'un qui aurait pris soin de vous, vous aurait nourri, protégé et enseigné ?

Que ressentez-vous lorsque vous vous comportez ainsi avec les autres, aussi peu que ce soit ? Comment réagissent-ils à votre attitude ? Est-ce difficile ? Cela devient-il plus

facile avec le temps ? Quel effet cela a-t-il sur votre dépres-
sion ?

Que ressentez-vous quand vous adoptez cette attitude
envers vous-même ? Est-ce de plus en plus facile avec le
temps ? Quel effet cela a-t-il sur votre dépression ?

La compassion et l'action

« Ma religion est la gentillesse. »

Le DALAÏ-LAMA

« La connaissance de la vacuité donne nais-
sance à la compassion. »

MILAREPA

Pour celui qui se débat dans les affres de la dépression, la gentillesse et la compassion peuvent sembler aussi rares que l'eau dans le désert. Il éprouve de la colère, de l'inquiétude et juge les autres de façon trop catégorique. Dans une telle situation, on n'a même pas assez d'énergie pour faire preuve de gentillesse et de compassion envers soi-même, encore moins envers les autres. En même temps, il peut être difficile de croire que quelqu'un pourrait faire preuve de gentillesse envers soi. On se sent abandonné par soi-même et par le monde.

Pourtant, nous sommes tous capables de faire montre de compassion. En réalité, les difficultés que nous traversons dans notre dépression peuvent nous conduire à une compréhension plus profonde de notre existence, ainsi qu'à une plus grande compassion envers autrui et envers nous-mêmes.

Dès que l'on découvre que la vie, pour tous les êtres, est synonyme de d'épreuves, on se dit qu'il y a suffisamment de souffrance dans ce monde. On se dit qu'il n'y a aucune raison de l'accroître. La conscience croissante de l'impermanence de la vie nous pousse également à éprouver davantage de compassion pour autrui, et pour nous-mêmes. Ainsi, la compassion naît d'une meilleure compréhension de nous-mêmes et de la nature de notre relation au monde.

La dépression ralentit notre rythme et nous permet de découvrir les sentiments profonds et tendres que nous éprouvons pour nous-mêmes et pour autrui. Si nous pouvons prendre conscience de ce qui nous arrive, alors la graine de la compassion pourra pousser dans notre existence. La compassion naturelle qui se trouve en nous pourra alors se manifester et dominer nos relations et nos activités. (Il est très important de mettre en pratique notre compréhension et notre compassion, sinon, elles ne seraient que des coquilles vides.)

Tout le monde connaît ce lieu commun : pour aimer les autres, il faut d'abord s'aimer soi-même. Mais cela est particulièrement vrai dans la dépression. On est submergé par des sentiments d'inutilité et de haine de soi, on a d'énormes difficultés à faire preuve d'amour envers autrui. En découvrant notre véritable nature grâce à la conscience de soi et à la méditation, nous pouvons faire preuve de plus de tolérance et de compassion envers nous-mêmes.

Dans les ténèbres de la dépression, notre souffrance semble n'avoir pas de fin. Il nous est difficile de croire que nous pouvons nous aider nous-mêmes, encore plus d'être d'une quelconque utilité pour les autres. Pourtant, le déprimé tirera le plus grand profit du service rendu à autrui.

La dépression est une maladie de l'ego, où l'on est tellement submergé par sa souffrance qu'il est difficile de s'intéresser à un autre que soi-même. Chercher le moyen de venir en aide à autrui peut permettre au déprimé de sortir du petit monde de l'ego dans lequel il a vécu jusque-là.

Aider un autre être humain constitue également un puissant antidote contre le sentiment d'inutilité propre à la dépression. En outre, en aidant autrui, on comprendra plus facilement que l'on n'est pas le seul individu qui souffre dans ce monde.

Il n'est pas nécessaire d'accomplir de grands exploits pour venir en aide aux autres. Le moindre mot gentil, le moindre acte utile contribuent à faire de ce monde un endroit plus plaisant. De tels actes ont des effets qui nous dépassent et dont nous n'aurons peut-être jamais connaissance.

Nous sommes d'ores et déjà dotés d'outils qui peuvent être d'un grand secours à autrui. La victoire sur notre dépression nous permet de faire preuve de gentillesse, de compréhension envers ceux qui souffrent de la même affection, et ainsi de leur redonner espoir. Nous pouvons évoquer honnêtement notre expérience et venir à bout des préjugés que les gens ont sur la dépression. Nous pouvons changer les choses.

Un texte sacré bouddhiste pose cette question : « Il n'y a qu'une personne qui soit venue au monde pour aider les autres et soulager leur souffrance. De qui s'agit-il ? » Ce ne peut être que vous.

Exercices d'approfondissement

Assis tranquillement, inspirez et expirez, tout en observant votre respiration.

Sentez l'air qui remplit vos poumons, qui réchauffe et nourrit votre cœur. En inspirant, portez doucement votre attention sur vous-même. Plongez-vous dans la chaleur de votre cœur. Dites-vous ceci : « Puissé-je être libéré de toute souffrance. Puissé-je être en paix. »

Continuez à inspirer et restez dans la chaleur de votre cœur. En inspirant, dites-vous : « Puissé-je être libéré de toute souffrance », et en expirant, « Puissé-je être en paix. » Reconnaissez la souffrance dont vous avez été affecté, et continuez à étendre cet amour à vous-même.

Après avoir fait cela pendant plusieurs minutes, pensez à un être cher qui aurait particulièrement besoin de vos pensées. Portez-le dans votre cœur. Visualisez son visage devant vous et, en inspirant, dites-lui : « Puisses-tu être libéré de toute souffrance », et, en expirant, « Puisses-tu être en paix. »

Sentez dans votre cœur l'espace qui lui permettra d'évoluer, et sentez votre désir de voir cet être guéri. Transmettez-lui vos tendres pensées. Sentez la présence de cet être dans votre cœur grand ouvert et dites-lui : « Puisses-tu être libéré de toute souffrance. Puisses-tu être en paix. »

Maintenant que votre cœur s'est étendu, faites rayonner encore plus loin vos tendres pensées. Faites entrer dans votre cœur toutes les personnes de votre vie et, en inspirant, dites-leur : « Puissiez-vous être libérés de toute souffrance », et, en expirant, « Puissiez-vous être en paix. » Continuer à éprouver pour elles amour et compassion.

Maintenant, ouvrez votre cœur à tous ceux qui souffrent dans le monde et, alors que votre amour rayonne à l'infini, dites : « Puissent-ils être libérés de toute souffrance. Puissent-ils être en paix. » Restez dans cet espace, là où votre amour englobe tous les êtres qui souffrent ainsi que vous-même : « Puissent-ils être libérés de toute souffrance. Puissent-ils être en paix. »

Vivre selon ses vœux

« À vivre selon ses vœux, assis silencieuse-
ment
Pendant soixante-trois ans,
Les fleurs de prunier commencent à éclore.
Le miroir orné de pierres précieuses reflète
la Vérité telle qu'elle est. »

Dainin Katagiri Rᴏsʜɪ

Dans la dépression, il peut être très difficile de tenir une promesse que l'on a faite seulement quelques minutes auparavant, et encore bien plus difficile de respecter un serment. Ou bien, si on a effectivement fait un vœu, on s'en sert comme d'une arme contre soi-même. La moindre velléité de briser ce serment est utilisée comme preuve de sa propre inutilité et de sa propre faiblesse. Au lieu d'utiliser cette promesse comme un outil efficace et salutaire, on l'utilise pour se démoraliser.

Mais lorsque l'on est déprimé, on a bien plus besoin de respecter son vœu que dans n'importe quelle autre circonstance. On peut l'utiliser pour favoriser sa guérison, pour prendre plus facilement des décisions et parfois même pour survivre.

La plupart des gens ont fait des vœux à un moment ou à un autre de leur vie. Des vœux de mariage, par exemple. Ou bien ils ont pris de bonnes résolutions à l'occasion du nouvel an qu'ils se sont empressés d'oublier au bout de quelques semaines. Ainsi, même si nous avons fait des vœux, nous ne croyons pas beaucoup à leur valeur, et encore moins à leur pouvoir.

Nous ne croyons pas en leur pouvoir de changer le monde ou de nous changer nous-mêmes. Peut-être est-ce parce que nous les considérons – si tant est que nous en fassions – comme des incantations magiques. Nous faisons des vœux, puis nous ne faisons plus le moindre effort pour les mettre en pratique. Dans ces conditions, il n'est guère étonnant qu'ils ne nous soient d'aucune utilité !

Un de mes amis entretenait une relation avec une femme merveilleuse. Il souhaitait rester toujours à ses côtés, mais la seule pensée de prendre un tel engagement suscitait en lui une immense anxiété. Un jour, un de ses amis lui dit une chose très simple qui atténua fortement ses craintes. Cet ami lui dit qu'il ne devait pas considérer son vœu comme un engagement pour l'éternité. Il devrait plutôt le voir comme un choix, comme le désir d'aimer cette personne jour après jour, et non comme quelque chose que l'on promet ou que l'on fait une fois pour toutes et dont on n'a plus à s'inquiéter ensuite. Au bout de quelques mois, cette vision nouvelle des choses poussa mon ami à épouser la femme de ses rêves.

Pour qu'une promesse s'accomplisse, il faut considérer son vœu comme quelque chose de vivant ; il faut le nourrir à chaque instant à travers ses choix et son attention. Mon maître zen, Katagiri Roshi, utilisait l'expression « vivre selon ses vœux ». Notre vœu est vivant et nous devons nous y conformer à chaque instant.

Pourtant, même ainsi, on peut oublier son vœu de temps en temps, voire le rompre. Lorsqu'on rompt ainsi son vœu, il ne faut pas en tirer prétexte pour l'abandonner. Il faut au contraire le reformuler et s'engager à nouveau à le réaliser.

Le fait de garder son vœu vivant et actif permet de prendre plus facilement une décision sur ce qu'il convient de faire. En un sens, on n'a même pas besoin de prendre une décision. On laisse son vœu « vivre sa vie » et prendre la décision pour soi.

La pratique bouddhiste considère deux types de vœux : les interdits et les résolutions positives. Les bouddhistes ont dix grands interdits, qui, si on les respecte, peuvent conduire à une existence plus harmonieuse. Ainsi, le bouddhiste fait, entre autres, les vœux suivants : ne pas mentir, ne pas prendre d'intoxicants tels les drogues et alcools, ne pas voler le moindre objet, ne pas porter tort à autrui. Certains reprochent à de tels interdits ou aux Dix Commandements de la Bible d'être trop négatifs.

Toutefois, nous avons besoin de ces deux types de vœux. Certaines actions sont si nuisibles pour la société et pour soi-même qu'exprimer le vœu de s'en abstenir est la chose la plus positive que l'on puisse faire. Il est parfois plus facile de renoncer à faire quelque chose de négatif que de faire l'effort de réaliser une action positive. Le renoncement peut renforcer la santé du corps et de l'esprit, ce qui peut susciter la volonté d'entreprendre des actions positives.

Dans la dépression, il y a des choses dont il faut s'abstenir. L'une des grandes prescriptions est de ne porter tort à personne. On peut aussi bien étendre ce précepte à sa propre personne. On peut faire le vœu de ne pas se blesser soi-même, surtout à travers l'injure ou les conduites autodestructrices. On peut décider de renoncer une fois pour toutes au suicide.

Dans le même ordre d'idées, on peut également faire le vœu de prendre soin de soi, en soignant son alimentation, en dormant suffisamment, etc. Enfin, on peut faire le vœu de mettre en œuvre des actions positives pour favoriser sa guérison : prendre ses médicaments, si c'est le choix que l'on a fait, faire de l'exercice physique, ou trouver le temps de méditer.

Si nous sommes capables d'exprimer ces vœux et de les maintenir en vie, alors nous pourrons vaincre la souffrance inhérente à notre dépression.

Exercices d'approfondissement

Pensez à quelque chose que vous souhaiteriez faire, ou à quelque chose à laquelle vous souhaiteriez renoncer. Choisissez une action qui favorisera votre guérison ou celle d'autres personnes.

Exprimez votre intention sous la forme d'un vœu. Exprimez chaque jour votre vœu au moins une fois et à voix haute. Nourrissez votre vœu comme s'il s'agissait d'un être vivant.

Si vous vous trouvez dans une situation difficile, vous pouvez utiliser ce vœu pour vous rappeler votre intention.

Si vous n'êtes pas capable de respecter parfaitement votre vœu, n'en prenez pas prétexte pour y renoncer. Exprimez-le à nouveau afin de le maintenir en vie. Laissez-le continuer à inspirer votre vie et vos actions.

Remerciements

Je tiens à reconnaître ma dette envers Scott Edelstein, tout à la fois mon éditeur, agent et ami. Sans son aide et ses encouragements généreux et patients, ce livre n'aurait jamais vu le jour.

Sally Colemier, qui a participé au premier exposé de ces idées, m'a appris à dire ce que j'avais à dire avec honnêteté et courage, à rester pleinement conscient de ce que j'écrivais.

Myron Malecha, John Robertson, David Pfeffer et Marie Boehlke m'ont aidé dans mon combat contre la dépression.

Mes « amis du Jeudi », Pat, Nelson, Dewey, Fred et Kelly ont partagé mon enthousiasme et m'ont permis de conserver mon équilibre.

Ted Pirsig m'a aidé à redécouvrir les joies de l'écriture.

Ces personnes et leurs familles, avec lesquelles j'ai travaillé au fil des années, m'ont donné un exemple fort, jour après jour, d'une vie marquée par la dignité et l'espoir.

Durant tout ce temps, mes collègues m'ont enseigné la compassion et l'ardent désir de venir en aide aux autres.

Ce fut pour moi un réel plaisir que de travailler avec John Loudon, Karen Levine et avec tous les autres collaborateurs de Harper San Francisco. Ils ont compris le travail – ainsi que les névroses – d'un auteur débutant.

Je tiens à exprimer ma reconnaissance envers tous ceux qui ont bien voulu me faire part de leurs propres luttes et guérisons.

Dainin Katagiri, Tomoe Katagiri et tous les participants au Minnesota Zen Meditation Center se sont révélés d'inestimables enseignants sur le chemin de la guérison ; Charlie Greenman et George Zanmiller étaient là pour me soutenir à chaque fois que j'ai trébuché.

Je tiens aussi à remercier mon père et ma mère pour leur soutien et leur amour.

Enfin, par-dessus tout, j'exprime ma gratitude envers Therese et Joe pour leur amour et leur patience. Therese, à travers l'exemple de ton propre parcours, tu m'as appris tant de choses concernant la foi et le courage.

Table

Bien-être, des livres qui vous font du bien

Psychologie, santé, sexualité, vie familiale, diététique… : la collection Bien-être apporte des réponses pratiques et positives à chacun.

Psychologie

Thomas Armstrong
Sept façons d'être plus intelligent - n°7105

Jean-Luc Aubert et Christiane Doubovy
Maman, j'ai peur – Mère anxieuse, enfant anxieux ? - n°7182

Anne Bacus & Christian Romain
Libérez votre créativité ! - n°7124
Murmures sur l'essentiel – Conseils de vie d'une mère à ses enfants - n°7225

Simone Barbaras
La rupture pour vivre - n°7185

Martine Barbault & Bernard Duboy
Choisir son prénom, choisir son destin - n°7129

Deirdre Boyd
Les dépendances - n°7196

Nathaniel Branden
Les six clés de la confiance en soi - n°7091
Maître de ses choix, maître de sa vie - n°7127

Sue Breton
La dépression - n°7223

Jack Canfield et Mark Victor Hansen
Bouillon de poulet pour l'âme - n°7155
Bouillon de poulet pour l'âme 2 - n°7241
Bouillon de poulet pour l'âme de la femme *(avec J.R. Hawthorne et M. Shimoff)* - n°7251
Bouillon de poulet pour l'âme au travail - n°7259

Richard Carlson
Ne vous noyez pas dans un verre d'eau - n°7183
Ne vous noyez pas dans un verre d'eau… en famille ! - n°7219
Ne vous noyez pas dans un verre d'eau… en amour ! *(avec Kristine Carlson)* - n°7243

Steven Carter & Julia Sokol
Ces hommes qui ont peur d'aimer - n°7064

Chérie Carter-Scott
Dix règles pour réussir sa vie - n°7211

Loly Clerc
Je dépense, donc je suis ! - n°7107

Guy Corneau
N'y a-t-il pas d'amour heureux ? - n°7157
La guérison du cœur - n°7244

Lynne Crawford
La timidité - n°7195

Christophe Fauré
Vivre le deuil au jour le jour - n°7151

Daniel Goleman
L'intelligence émotionnelle - n°7130
L'intelligence émotionnelle 2 - n°7202

Nicole Gratton
L'art de rêver - n°7172

John Gray
Les hommes viennent de Mars, les femmes viennent de Vénus - n°7133
Une nouvelle vie pour Mars et Vénus - n°7224
Mars et Vénus, les chemins de l'harmonie - n°7233
Mars et Vénus, 365 jours d'amour - n°7240
Les enfants viennent du paradis - n°7261

Marie Haddou
Savoir dire non - n°7178
Avoir confiance en soi - n°7245

Santé

Diététique

Agnès Beaudemont-Dubus
La cuisine de la femme pressée -
n° 7017

Marie Binet & Roseline Jadfard
Trois assiettes et un bébé - n° 7113

Dr Alain Bondil & Marion Kaplan
Votre alimentation - n° 7010
L'alimentation de la femme enceinte
et de l'enfant - n° 7089
L'âge d'or de votre corps - n° 7108

André Burckel
Les bienfaits du régime crétois - n° 7247

Sonia Dubois
Maigrissons ensemble! - n° 7120
Restons minces ensemble! - n° 7187

Dr Pierre Dukan
Je ne sais pas maigrir - n° 7246

Annie Hubert
Pourquoi les Eskimos n'ont pas
de cholestérol - n° 7125

Dr Catherine Kousmine
Sauvez votre corps ! - n° 7029

Marianne Leconte
Maigrir - Le nouveau bon sens - n° 7221

Colette Lefort
Maigrir à volonté - n° 7003

Michel Montignac
Je mange donc je maigris… et je reste
mince! - n° 7030
Recettes et menus Montignac - n° 7079
Comment maigrir en faisant des repas
d'affaires - n° 7090
La méthode Montignac Spécial Femme -
n° 7104
Mettez un turbo dans votre assiette -
n° 7117
Je cuisine Montignac - n° 7121
Restez jeune en mangeant mieux -
n° 7137

Recettes et menus Montignac (2) -
n° 7164
Boire du vin pour rester en bonne santé -
n° 7188

Lionelle Nugon-Baudon
Toxic-bouffe Le dico - n° 7216

Philippe Peltriaux et Monique Cabré
Maigrir avec la méthode Peltriaux -
n° 7156

Nathalie Simon
Mangez beau, mangez forme - n° 7126

Thierry Souccar
La révolution des vitamines - n° 7138

Sexualité

Dr Éric Dietrich & Dr Patrice Cudicio
Harmonie et sexualité du couple -
n° 7061

Régine Dumay
Comment bien faire l'amour à une
femme - n° 7227
Comment bien faire l'amour à un
homme - n° 7239

Céline Gérent
Savoir vivre sa sexualité - n° 7014

Françoise Goupil-Rousseau
Sexualité : réponses aux vraies
questions des femmes - n° 7025

John Gray
Mars et Vénus sous la couette - n° 7194

Barbara Keesling
Comment faire l'amour toute la nuit -
n° 7140
Le plaisir sexuel - n° 7170

Brigitte Lahaie
Les chemins du mieux-aimer - n° 7128

Dr Gérard Leleu
Le traité des caresses - n° 7004
Le traité du plaisir - n° 7093
Le traité du désir - n° 7176

Bien-être

7263

Composition Nord Compo
Achevé d'imprimer en France (Manchecourt)
par Maury-Eurolivres
le 4 mars 2003.
Dépôt légal mars 2003. ISBN 2-290-32663-1

Éditions J'ai lu
84, rue de Grenelle, 75007 Paris
Diffusion France et étranger : Flammarion